親愛的孔子老師

上學啦
活學秘笈

1

吳甘霖 著

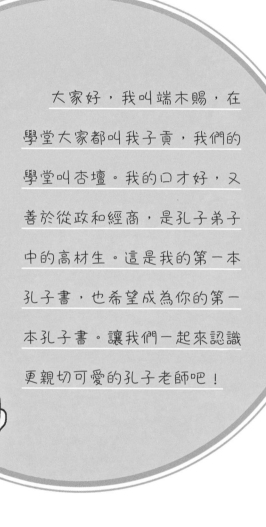

大家好，我叫端木賜，在學堂大家都叫我子貢，我們的學堂叫杏壇。我的口才好，又善於從政和經商，是孔子弟子中的高材生。這是我的第一本孔子書，也希望成為你的第一本孔子書。讓我們一起來認識更親切可愛的孔子老師吧！

杏壇同學會

子貢

別名 端木賜，字子貢。
籍貫 衛國
性格 精明、利口巧辯，辦事通達。
專長 論辯、經商。
成就 曾任魯、衛兩國之相，曾經商於曹、魯兩國之間，為孔子弟子中首富。與陶朱公范蠡齊名的儒商始祖，為後世商界所推崇。孔子弟子中為孔子守喪最長者。

曾參

別名 字子輿，世稱「曾子」，有「宗聖」之稱。
籍貫 魯國
性格 認真勤奮、愚鈍固執、注重孝道。
成就 相傳《大學》為其所述，又作《孝經》，其學傳子思，子思傳孟子。

▶ 父子

▶ **曾點**

別名 字晢
籍貫 魯國
性格 教子嚴格

子游

別名 言偃，字子游，亦稱言游，又稱叔氏。
籍貫 吳國
性格 胸襟寬廣
專長 文學、禮樂教化。
成就 對江南文化的繁榮發展有很大貢獻，被譽為「南方夫子」，尊稱「言子」。

子夏

別名 卜商，字子夏。
籍貫 晉國
性格 勤奮好學、才思敏捷。
專長 文學、詩。
成就 曾在魏國西河（今陝西渭南）創辦學堂並授業，開創「西河學派」。

子思

別名 孔伋，字子思，有「述聖」之稱。
籍貫 魯國
性格 坦率、善於思考、崇尚仁德。
成就 相傳《中庸》為其所述，後人把子思、孟子並稱為「思孟學派」。

冉求

別名 字子有，亦稱冉有。
籍貫 魯國
性格 勇武善戰、謹慎多慮。
專長 經濟理財、軍事。
成就 曾被任命為季氏家族總管。曾帶領魯國軍隊大敗齊師，立下戰功。

子路

別名 名仲由，字子路，或稱季路。
籍貫 魯國
性格 直爽、莽撞衝動、大膽、鑽牛角尖。
成就 侍奉孔子最久的弟子之一。曾任衛國蒲邑地方官。

顏回

別名 字子淵，又稱顏子、顏淵。
籍貫 魯國
性格 溫文爾雅、虛心好學、講誠信、有仁德。
成就 「孔門十哲」中德行科之一。被視作孔子最得意的弟子，位居孔門第一位。

▶ 父子

顏路

別名 顏無繇，一名由，字路。
籍貫 魯國
性格 愛子心切、自尊心強。

▶ 宰予

別名 字子我，又名予我、宰我。
籍貫 魯國
性格 口才了得、思維敏捷，但不夠虛心受教。
專長 辭令、辯論。
成就 曾在齊國做官

▶ 宓子賤

別名 宓不齊，字子賤。
籍貫 魯國
性格 有才智、仁民愛物、虛心向學。
成就 曾任單父地方官

▶ 巫馬期

別名 巫馬施，字子旗，一作子期。
籍貫 陳國
性格 勤奮、事必躬親。
成就 曾任單父地方官

▶ 子羔

別名 高柴，字子羔，一作子皋、子高、季高。
籍貫 衛國
性格 憨直忠厚、清廉公正、孝順。
成就 曾擔任魯國地方官、衛國獄吏，又為衛大夫孔悝家臣。

▶ 商瞿

別名 字子木
籍貫 魯國
專長 《易經》
成就 得孔子傳授《易經》，對《易》學的傳承有很大貢獻。

▶ 閔子騫

別名 閔損，字子騫。
籍貫 魯國
性格 寡言穩重、極盡孝道。

▶ 有若

別名 字子有
籍貫 魯國
性格 重視禮樂與孝道、記憶力強。

▶ 南宮适

別名 一名韜，字子容，又稱南宮括、南容。
籍貫 魯國
性格 注重德行、言行謹慎。

▶ 孔蔑

別名 孔忠，字子蔑。
籍貫 魯國
成就 曾任魯國地方官

▶ 司馬牛

別名 一名犁，子姓，向氏，字子牛。
籍貫 宋國
性格 急躁、善言談。

▶ 子張

別名 顓孫師，字子張。
籍貫 陳國
性格 溫和莊重、凡事從容。

▶ 公西華

別名 公西赤，字子華。
籍貫 魯國
性格 謙恭有禮

▶ 樊遲

別名 樊須，字子遲。
籍貫 魯國
性格 天資不足，但認真學習，善於提問。

▶ 冉伯牛

別名 冉耕，字伯牛。
籍貫 魯國
性格 賢達

▶ 澹台子羽

別名 澹台滅明，字子羽。
籍貫 魯國
性格 不善於表達自己，
　　 認真學習。
成就 曾在武城做子游的
　　 幕僚

▶ 公良儒

別名 字子正，《史記》寫
　　 成公良孺。
籍貫 陳國
性格 賢良、勇武、正直。
成就 孔子在蒲地遇困，公
　　 良儒奮力保護孔子。

▶ 仲弓

別名 冉雍，字仲弓。
籍貫 魯國
性格 篤實敦厚、氣度寬
　　 宏、深思熟慮，但
　　 口才不好。
成就 曾任季孫氏的家臣

十大傑出弟子

德行科

顏回 | 閔子騫 | 冉伯牛 | 仲弓

言語科

宰予 | 子貢

政事科

冉求 | 子路

文學科

子游 | 子夏

目錄

001 第壹班

透視書呆子

被誤解的孔子老師

天已微明，紅霞萬朵。我又來到老師的墓前。

老師，弟子子貢又來看您了。

在經歷了為您守墓和多年經商、從政、外交的生活之後，弟子子貢又來看您了。

記得您去世後，弟子們捨不得離去，為您守墓三年。三年後，大家灑淚分別，我卻依然移不動腳步。

於是，在墓邊，我蓋起小屋，一住又是三年。

對於我這個做法，很多人包括一些師兄弟，都不理解：這還是那個特別活躍、特別好動、最耐不住寂寞的子貢嗎？

老師，他們哪裏明白，只有在這裏，我才能感受到您的真實存在；只有在這裏，我才能沉下心來，細細品味您的為人、您的智慧，並將您的

這些智慧加以實踐。

現在，經過了實踐與生活的洗禮，我愈來愈感覺到老師的智慧，不論是對一個國家，一個團隊，還是對一個人，都有非凡的價值，同時也非常悲哀地看到：隨着您的影響愈來愈廣，許多人對您的誤解和曲解，也到了一種讓人無法容忍的程度。

我且向您彙報其中的一次經歷吧！

有一天，我到了秦國，國君十分熱情地招待我，並不斷說：「你老師的觀點真好啊！對治理國家有最大的作用。」

我十分高興，因為這許多年來，我很少聽到一個國君對老師有如此高的評價。

他接下來說：「我聽說當初齊景公向孔子先生問政。孔子先生就說了八個字：君君，臣臣，父父，子子。我覺得這話太精闢了！」

我滿臉笑容，洗耳恭聽。

沒想到，他後面所做的解釋，讓我大吃一驚：「一個國家要強大，國君當然要有絕對的、至高無上的權力和地位；家庭要興盛，父親當然要有絕對的、至高無上的權力和地位。君要臣死，臣不得不死；父要子亡，子不得不亡。這是真正使國家和家庭興盛最好的方法啊！」

他說得洋洋得意，我卻大吃一驚，像是被兜頭潑了一盆冷水。

老師當初與齊國國君說這番話時，我雖然還沒有成為杏壇弟子，卻也知道老師講述這段話的意思——國君、臣子、父母、子女各自要盡到各自的責任，各自要有各自的樣子，要遵守各自的道德行為規範，這樣，國才像國，家才像家。

我覺得，老師這個觀點有極大的啟示意義——不管是在學校還是在家庭裏，最容易發生的問題之一，就是有人不盡自己的本分和義務，扮演不好自己的角色，還對他人有過分的要求。這樣一來，最容易與他人產生矛盾，甚至令團隊瓦解與家庭破裂。

這是一個何等好的觀點啊！但是沒有想到：老師的觀點，竟然被這位國君歪曲到如此地步！

老師，我要明確地向所有人證明：經常強調「仁者愛人」的老師，絕對不可能講那種只維護「君、父」絕對權威的觀點。

我清楚記得一次經歷，可以讓所有人更正確地理解老師對君臣、父子關係的想法——那是在我們隨老師周遊列國回到魯國之後，老師曾與魯

哀公的一次對話。

魯哀公問老師：「子女一直聽從父親的命令，這是孝嗎？臣一直聽從國君的命令，這是貞嗎？」

問了三次，但老師就是不回答。

出門之後，老師問我：「剛才我沒有回答國君的問題，子貢你是怎麼看的？」

我毫不猶豫地說：「子從父命，這就是孝嘛；臣從君命，這就是貞嘛。老師為什麼不回答呢？」

老師有些失望地責備我說：「子貢呀，枉你跟隨了我這麼多年！讓我告訴你吧！——有一種臣子叫作諍臣，他們是當國君做錯了事可以指出並促使他改正的人；有一種子女叫作諍子，他們是父母做錯了事可以幫助他們改正的人；有一種朋友叫作諍友，他們是友人做錯了事可以指出並幫他改正的人。萬乘之國有諍臣四人，疆土就不會被削弱；千乘之國有諍臣三人，社稷就不會有危險；百乘之國有諍臣二人，宗廟就不會被毀掉。父親有諍子，就不會行無禮之事；士有諍友，就不會做不義之事。所以，子女盲目地聽從父母，怎麼能說是孝呢？臣子盲目地聽從國君，怎麼能說是貞呢？必須看合理不合理。合理的、符合聖人之道的就遵從；不符合的，就要勇於指出來，幫他改正，這才是孝，這才是貞！盲從，有可能是不忠不義啊……」

瞧瞧老師這樣的說法，會是那種倡導「君要臣死，臣不得不死；父要子亡，子不得不亡」的人嗎？

我還記得有一次，魯定公問老師有沒有「一言興邦」這樣的話。

老師回答說：「那就是『為君難，為臣不易』。如果做臣子的了解當國君的難處，當國君的了解做臣子的不容易，不就是差不多一句話而使國家興盛嗎？」

之後，魯定公又問：「有沒有『一言廢邦』這樣的話？」

我立即回答：「那就是『我做國君，我的話沒有人敢違抗』。假如那話是正確的而沒有人違抗，當然好。如果不正確而沒有人敢違抗，不幾乎是一句話而喪失了國家嗎？」

這更加說明：老師不認可「君要臣死，臣不得不死」，而是認為君王如果要使自己的意志高於一切，反倒會亡國。

面對秦國的這位國君，我覺得有必要向他澄清老師的原意。但後來的事實證明，我的一切努力都是徒勞的，他根本聽不進去，他還是更願意採取這種只是對他有利的解釋。

老師，假如您地下有知，聽到有人這樣曲解您的話，如此功利地使用，您會不會苦笑呢？

我想：您不僅會苦笑，而且還會倍感悲哀。您在世時，不被這些國君重視；您去世後，觀點還被一些不懷好意的國君和政要利用，作為愚弄百姓的工具！

其實，您被誤解和曲解的又豈止這一點！您去世以後，我去了許多地方，見過許多人，我發現，不管是國君、大臣還是文人、百姓，大家對您的誤解和曲解，竟是如此之多、如此之大——

有人說您是鑽在故紙堆裏的老學究，卻不知道您是最重視現實智慧的大智者；

有人說您是一本正經的偽君子，卻不知道您是最親切和藹的好老師；

有人說您的學問過時，卻不知道您不僅自己應用這些學問取得極大的成就，也讓弟子各自取得好成績；

有人說您的思想主要體現帝王的意志，卻不知道您雖然重視君臣關係，卻絕對不主張愚忠……

我真的很痛心，不管是出於什麼原因，竟然有那麼多人或斷章取義，或肆意歪曲，將老師的思想、形象糟蹋到這個程度！

老師的智慧是全面的，是有實際效果的。但是，要掌握您的智慧，就需要還原一個全面、真實的孔子。

其實，這是所有同學的共識。於是，同學自發組織起來，根據回憶和聽課筆記，主要收集老師教育我們的言行，整理出一本名為《論語》的書。這本書完成後，在社會上反應非常強烈，得到許多人的好評。

但是，同學也反映：這本書太簡略了，故事也太少，無法讓人全面認識我們身邊那位最生動活潑的老師。

他們都勸我另外寫一本書，更全面展現老師的智慧和風采。

他們鼓動我說：「你是跟隨老師時間最長的人，而且你不管是從政還是經商，成就最大，影響最大，又為老師守墓六年，由你來再寫一本關於老師的書，是再合適不過了……」

書，我是不敢寫的。但如果通過我的回憶，不僅可以讓大家認識到一位更真實、更親切的孔子，而且還學到大家所渴望的種種智慧，我的確覺得責無旁貸！

第 壹 班

透視書呆子

曾參為盡孝差點被父親打死，因此受到老師的責罵。我救了人不去領賞金，被老師批評阻礙了國家政策的推行。宓子賤懂得活學活用，令老師讚不絕口⋯⋯

　　所有這一切，都讓我們看到一個與很多人的理解不一樣的孔子老師⋯⋯

第一堂 孝順也有錯？

曾參鋤草時將瓜秧鋤掉了，他的父親氣得用木棍打他，他不躲不避，被打得昏死過去。

他本以為這樣做體現了最大的孝心，不料老師不但不讚揚，反而將他關在門外，命他好好反省……

「阿木」曾參又被老師罵了，我忍不住哈哈大笑，甚至笑出了淚水。這一笑，讓我一下子驚醒過來。這才發覺：自己剛才做了一場夢。

我躺在牀上，癡癡地看着窗外。

月明星稀，秋風瑟瑟。

我回想着剛才的夢境，也回想着和老師一起度過的所有歲月。那些美好的往昔，點點滴滴湧上心頭，歷歷如畫。彷彿一切都沒有失去，彷彿老師仍在我的身邊。

但這已經不可能了，老師早已逝去，留下我和杏壇弟子，在懷念中度過新的一天又一天。

想到這裏，淚水又悄然沾濕了枕巾。

但是，為什麼夢中又想起曾參來呢？為什麼他被老師罰，我反而那樣高興呢？

要知道，他也是老師晚年最得意的弟子之一啊！

要知道，老師還將自己的孫兒子思託付給他教育啊！

要知道，他被人稱為「超級孝子」啊！

到底哪一點，使我覺得與他格格不入呢？

我躺在牀上，癡癡發呆，眼前不由得浮現出一個這樣的情景——那一天，我遵照老師的吩咐去外地辦事，回來後，正要進學堂的大門，卻發現曾參，這個成為老師的弟子尚不足十天的小師弟，呆呆地站在門口，一副失魂落魄的樣子。

我不由得問：

小師弟，你怎麼不進去啊？

他哭喪着臉說：

老師在生我的氣，不准我進去。

我抬頭一看，門果然是關着的。

據我所知，老師固然有時候對學生很嚴厲，但從來也沒有用過這樣

的懲罰。何況，曾參還是一個剛剛入學不久的學生啊。

「究竟為什麼啊？」我關切地問。

「我也不知道。」曾參一臉茫然。

我開始「咚咚咚咚」地敲門。過了好一會兒，才聽到師弟冉求的聲音：「別敲了，曾參，等你想通以後再進來吧！」

「冉求，開門，是我。」我大聲說。

門「吱呀」一聲開了。

我快步走了進去，曾參也想跟進來，但冉求將他擋在門外。

大門又關上了。

老師正在講課，見我進來，微微點了點頭，示意我快點坐好。

終於下課了，老師向我簡單詢問辦事的情況，然後問：「曾參仍在門口嗎？」

「在。」

「曾點呢？」

「老師，我在。」曾點皺着眉頭站起來，看起來很不開心。他是曾參的父親，也是老師的學生。

「好，既然曾點也來了，就把曾參叫進來吧！」

曾參低着頭怯生生地走進來，彷彿真的犯了什麼大錯。

不知為什麼，我很看不慣他那畢恭畢敬的樣子，就在他成為新生的第一天，我就偷偷給他取了一個「花名」——「阿木」。

你看他，年紀不大，卻是一副做什麼都循規蹈矩的模樣。老師說一他就絕對是一，老師說二他就絕對是二。嘴脣卻總是繃得緊緊的，一副老氣橫秋的樣子。這些天，就沒見他笑過。

他看來不是一個惹事的人啊，怎麼會遭到老師這樣重的處罰呢？

這時，老師先看了看曾點，又看了看曾參，然後慢慢地說：「你們是父子，又都是我的學生，你們知道我為什麼生氣嗎？」

過了許久，曾點說：「我知道錯了，我不應該那樣打兒子。」

老師微微點了點頭，又轉過臉來問曾參：「那你呢？你捱了打，我為什麼還要罰你站在門外呢？」

「肯定是因為我幫父親做事時不用心，我以後一定改過。」

老師看了他好一會兒，接着又問：「還有別的原因嗎？」

「阿木」很認真地想了好一會兒，最後搖了搖頭說：

老師，弟子愚鈍，想不出更多的原因。如果有，肯定是我孝心不夠，惹得父親生氣。

「阿木」仍舊一臉茫然。

老師歎了口氣說：「唉，你呀！」接着，對曾點說：「你把事情的來龍去脈給大家說說吧！」

原來，曾參前兩天幫助父親在瓜田鋤草時，不知又想起老師講過的哪句話，沒有鋤到草，卻將瓜秧一棵棵鏟斷了。

在前面鋤草的曾點，不經意間回頭看到了這一幕，連忙喊：

哎，向哪裏鋤啊，小心瓜秧……

話還沒說完，又一棵瓜秧被鏟斷了！

曾點氣急了，一把奪過鋤頭，大聲責罵：

> 你瞎了嗎？看看你做的好事！

曾參這才猛然警醒，小聲說：

> 可我剛剛在想老師講的課……

這一辯解，曾點的氣就更不順了。他隨手抄過一根粗木棍，對着曾參就是一頓痛打：

> 這是在教室裏還是在田裏？別人是愈學愈聰明，你是愈學愈愚蠢。有你這樣混賬的兒子嗎？

曾參既不躲閃也不求饒。曾點愈打愈生氣……

曾參被打得昏倒在地，好久才甦醒過來。

曾點嚇得不知所措。

沒想到，曾參一醒過來，竟然不顧傷痛，強撐着站起來，滿面笑容地對父親說：

剛才您那麼費力地教育我，一定累壞了吧？

過了一會兒，他回到屋裏，拿起琴邊彈邊唱起來，想讓父親知道自己的身體安然無恙。

聽完曾點的講述，老師要大家談談對這件事情的看法。

子游也是一個新同學，比曾參入學早不了幾天，兩人年齡相仿。他看了看老師，說：「我們幾位新同學的意見是，曾參鑹斷瓜秧固然不對，可是他後面的行為卻做得很好。這些天老師一直向我們講解孝道，曾參的做法，正符合老師的教導啊！」

他的發言得到了大多數同學的贊同。

老師沒有當即表態，而是將目光轉向曾參說：「曾參，你當時是怎麼想的呢？」

曾參說：「當時我只有一個念頭，既然犯錯惹父親不高興，就應該接受父親的責罰。您多次教導我們為人子女要懂得『孝』，而能夠贍養父母只是最低層次的孝，最難的是能始終對父母和顏悅色，不讓他們不高興。所以我才裝作若無其事，以免父親擔心。」

真是一個孝順的兒子啊！

老師說。

但接下來的話又讓我們大吃一驚──

可惜，你是一個十分愚蠢的孝子！

「你知道舜帝的故事吧？舜的父親叫瞽瞍。舜非常孝順他的父親，父親要使喚他，他總是在旁邊；但父親想殺掉他時，他卻每次都會想辦法逃掉。父親用小棍子打他，他就默默忍受；但用大棍子打他，他就會逃走。舜這樣做的結果，使瞽瞍沒有犯下不行父道的罪責，而舜也沒有喪失孝道。可你呢，父親大發雷霆時，你寧死也不躲避。表面上像是盡了孝道，但萬一你被打死了怎麼辦？不僅會給你父親留下一輩子的痛苦和歉疚，而且會讓你父親陷於殺子的不義之中，而且國家的法律也可能懲罰他。有哪一種行為比這更不孝呢？」

「阿木」臉色慘白，額頭滲出了汗珠兒，說：

老師，我知錯了，以後一定改。

老師接着對曾點說：「你是最早跟隨我的學生之一，經過這麼長時間的學習，更應該懂得為人、為父和君子之道。孩子犯了一點錯誤，怎麼能夠這樣痛打他？我曾再三對你們說：我們的學問，以修身為本，只有修身修得好，才能持家；只有持家持得好，才能治國平天下。你應該反思啊！」

老師指責得對，弟子記住了，今後一定改正。

曾點也滿頭是汗地點頭。

這天的情景，深深印在了所有學生的心中，更刻在了我的心中。由此我們共同得出一個結論：老師的學問是鮮活的，而不是死板一塊。

這不僅加深了我認為曾參真是「阿木」的印象，同時也加強了我對學習應該更加靈活的信念。

曾參耘瓜的故事，見於《孔子家語・六本第十五》、《說苑・建本》。

　　有這樣一個故事:「世界發明大王」愛迪生曾聘請某個畢業於著名大學的高材生阿普頓做實驗助手。雖然阿普頓只是員工,但他卻看不起自己的老闆,因為愛迪生連小學都沒有畢業。

　　一天,愛迪生忙着進行某項實驗,拿出一個梨形燒瓶,要求阿普頓計算容積。但等了兩個小時,還沒有等到結果。愛迪生走過去一看,助手正忙得一塌糊塗,一會兒拿標尺測量、一會兒計算,滿頭大汗,卻仍算不出來。

　　愛迪生問為什麼要這樣計算,他回答說:「您這個燒瓶,不是規則的方形、圓形,而是梨形,計算起來就不那麼容易了。」

　　愛迪生笑了笑,拿起燒瓶,倒滿水,遞給阿普頓說:「你去把燒瓶裏的水倒入量杯,就會得出我們所需要的答案。」

　　阿普頓立即去做,結果不僅節省時間,而且更為準確,從此對愛迪生敬佩不已。

　　這個故事和曾參的故事類似,給我們一個啟迪:

　　書讀得愈多,愈要警惕自己成為書呆子。

　　學問和道理是死的。假如生搬硬套,再好的學問和道理,也會變成束縛人的教條。

　　活學活用,才能成為聰明和有智慧的人!

手造備忘錄

1. 假如我是曾參，爸爸這樣打我，我會這樣做：

_____

_____

2. 假如我是曾點，兒子做事不專心，我會對他說：

_____

3. 我 ☐ 認同 ☐ 不認同 孔子老師對曾點父子的訓話，
   因為：

_____

_____

孟武伯問孝。子曰：「父母唯其疾
之憂。」

　　　　　（《論語‧為政第二》）

子游問孝。子曰：「今之孝者，是
謂能養。至於犬馬，皆能有養；不
敬，何以別乎！」

　　　　　（《論語‧為政第二》）

君子真難當

魯國頒佈了一項政令：凡能贖回在其他國家做奴隸的魯國人，不僅可以從國庫裏拿回贖金，還可以得到一筆賞金。我一次贖回了十五個在衛國當奴僕的魯國人，卻沒有領取贖金和賞金。

本來我認為自己是在實踐老師所倡導的「仁」，但老師卻批評了我⋯⋯

我正為老師對「阿木」曾參的叱責而暗自開心，真沒想到：過了不久，同樣的命運也落到我身上——我竟然也被老師關在門外了！

這件事，在同學中引起的轟動，比起「曾參事件」有過之而無不及。

要知道：曾參只是個新生，而我卻是追隨老師十多年的尖子生啊！

不僅如此，曾參捱罵，是由於他太死板了。而我，恰恰是同學中被公認為最靈活的人之一。

而最難以理解的是，我被罰，竟然是因為做了一件誰都認為正確的

「好事」！

那麼，到底是怎麼回事呢？

魯國的國君沉湎於酒色，導致大權旁落。幾個執政大臣又爭權奪利，使原本並不強大的國家更加貧弱。周圍的齊國、吳國和晉國便趁火打劫，或者強佔魯國的土地，或者擄掠魯國的人口、牲畜。當時，被擄走淪為別國奴隸的魯國百姓很多。

這樣的事，不僅在國內激起極大的民憤，在國外，也有損魯國的形象。於是，魯國國君頒佈了一項政令：

凡有人能夠贖回在其他國家做奴隸的魯國人，不僅可以從國庫裏拿回贖金，還可以得到一筆賞金。

在老師的學生中，窮苦的大有人在，而我恰恰相反，從小跟隨父親做生意，成為老師的學生後，我不僅已經有了多年的從商經驗，更有了一定的積蓄。加上我在跟隨老師上課的同時，經常有機會從商，所以錢對我而言，根本不算什麼問題。

當我看到魯國這項政策後，覺得這是一件很有意義的事。有一次在衛國，我發現了十五個在衛國當奴僕的魯國人，便決定把他們贖出並帶回魯國。

那些被我贖出來的奴隸和他們的家人都對我感恩戴德，我也很高興。

多日的奔波讓我倍感勞累。回到魯國的那天晚上，正準備早點休息，門卻被敲開了。

原來，我贖回的那些奴隸已經向主管這件事情的部門做了彙報。負責此事的官員正愁沒人帶頭，因此非常高興，立刻請示國君，當晚便將賞錢送到我家裏來了，還準備大力宣傳，將我塑造成典範。

我沒有接受那些賞錢，也不同意塑造典範的做法，於是對他們說：「我一直經商，經濟上比較寬裕，有能力做這件事情，能為國家省一點就省一點吧！而且我的老師經常教育我們，做事要以仁義為先。」

　　他們聽了，都露出敬佩的神情，說：「不愧是孔子先生的弟子啊！境界果然與別不同。」

　　我聽了不免有些得意，想到此舉為老師增了光，心中格外高興。

　　第二天，我睡了個懶覺，快到中午時，才一邊吹着口哨，一邊優哉遊哉地走去學堂。

　　一路上春光明媚，雜花耀眼，黃鶯亂鳴。

　　讓我萬萬沒想到的是，我竟然也吃了閉門羹！

　　門裏面一位新來的小師弟對我說：

你是子貢師兄吧，老師特意叮囑：讓你在門外好好反思，在贖人這件事上到底哪裏做錯了。

　　我一時愣住了。

　　想不到當初「阿木」曾參被關在門外的丟人經歷，竟然會在我子貢身上重演。

　　更讓我想不通的是，贖人的事，怎麼會錯呢？

　　直到下課，才有人打開大門，讓我進去。

　　見到老師，我請他指點自己錯在哪裏，老師卻讓我先談談自己的看法。

我滿肚子委屈地說：

老師不是教導我們要行仁義嗎？不是說『君子喻於義，小人喻於利』嗎？我響應國家的號召做好事，而且還為國家省錢，如果連這樣的事都要受指責，那我真不知道該如何做君子了。

老師又問其他同學的看法，這次我可比「阿木」有顏面多了，因為所有的人，包括顏回、子路等，無一不站在我這邊。

老師微微一笑，說：

看來大家都認為子貢做的是對的。我希望你們思考問題不妨多些角度，你們有沒有想過，他這樣做會引起什麼後果呢？

這還不簡單，肯定是人人向子貢學習，爭相為國家和別人謀福利！

子路心直口快，當即回答說。

子思師弟也說：

坦率地說，子貢師兄的這種做法改變了我對他的印象。作為一個商人，他能有這樣的善心和行為，說明他是一個能為別人謀福利的商人，是一個用仁義道德裝備自己的商人。我以後應該多和他交流。

老師看了大家一眼，說：

你們只知其一，不知其二。子貢的做法在思想和行為上確實很無私、很高尚，但你們想過嗎，他的做法，對國家推行這項政令有沒有反面作用呢？

沉默。大家都在思考。

老師的話也讓我不得不深入思考。不想不知道，一想嚇一跳，愈想愈覺得不安。

我的做法到底哪裏不妥呢？

剛才將我關在門外的小師弟首先打破了沉默：

我覺得，子貢師兄的做法對和他一樣的有錢人來說，是可以仿效的，可對很多窮人而言，要做到這一點根本不可能。比如說顏回師兄，他即使有心做也做不到！

我偷偷向同學打聽，才知道這個小師弟叫子夏。

子夏的話引發了大家更熱烈的討論。有兩個同學因為誰也說服不了誰，甚至吵得面紅耳赤。

我偷偷看了看老師，只見他正捧着一杯熱茶，有滋有味地品着，面帶微笑。

這神情我太熟悉了。老師的教育與眾不同，特別重視引導我們討論和思考，讓我們自己得出結論。

此時，老師恰好朝我這兒看過來，那熟悉的目光直觸我的心弦⋯⋯

剎那間，我若有所悟，於是提高聲音說：

我想了半晌，愈想愈覺得子夏師弟的話有道理⋯⋯我的確是錯了！

大家的目光都集中到我的身上。

我說：

做這件事時，我只從提高個人修養的角度來考慮，卻沒有從國家整體利益的角度來考慮。

我抬起頭來，只見老師在向我微笑地點頭。

我心中一暖：老師肯定是知道我已經認識到自己錯在何處了。

老師問大家：「你們理解子貢剛才這話的意思了嗎？」

我看了看同學，有的同學不斷點頭，而有一些同學還是迷惘不已。

「阿木」曾參自然也一頭霧水，於是，他主動向老師發問：「老師，請恕我們愚魯，還是請您指點迷津吧。」

老師看了看大家，說：「國家制定這個政策，其最終目的是要鼓勵國民，從而大量贖回淪為別國奴隸的魯國百姓。而大多數人之所以響應，其實仍是因為物質獎勵的刺激。而子貢贖人不領取賞金的做法，看起來是一個好榜樣，但是如果成為典範，那麼窮人根本無力做這個事，大多數富人也不願意做這種費力又虧本的事。你們說，國家的這一項重要政策，會不會有可能因此而失效呢？」

這一番話，讓同學紛紛開竅了，不斷點頭。

老師進一步闡述道：「你們聽我的課，爭當君子，這是值得表揚的。但是記住：當君子，行仁義之道，也不能只看初衷，還須好好看結果。換句話說，做好事不僅要有最好的初衷，也得爭取最好的效果。這樣，才是完整地理解了君子之道和仁義之道！」

這番話，使我和同學茅塞頓開，我們紛紛向老師報以最熱烈的掌聲……

子貢贖人的故事，見於《呂氏春秋・先識覽・察微》、《孔子集語・論政九》、《孔子家語・致思第八》。

孔子智慧錦囊

我們做任何事情時，最容易犯的錯誤之一，就是只強調初衷，不重視結果。

我們也許有切身的體驗：比如有時候自己的父母不懂得科學教育的方法，或是過於嚴厲地逼迫自己，或是過於放縱自己，結果不是令子女非常反感抵觸，就是子女無法自主成長。但父母往往還振振有詞：「我是為你好……」

有的人說：「我就是口硬心軟，出發點是好的。」但請記住一句名言：「一個人脾氣、嘴巴不好，心地再好也不能算是好人。」

不管做什麼事情，出發點好，未必結果就好。小到我們的學習和與人打交道，大到一個國家的政策，都有這樣的教訓。

所以，我們一方面要重視初衷，另一方面還要格外重視結果。

為了達到最好的結果，應該採取最佳的方式。

手造備忘錄

1. 以下表情可以表達我對子貢不取賞金的看法：

2. 有沒有犯過「好心做壞事」的錯？ □ 有 □ 沒有
   如果有，這件事是這樣的：

   _____

   我覺得下次可以這樣做：

   _____

子曰：「君子喻於義，小人喻於利。」

（《論語・里仁第四》）

模範生宓子賤

　　不起眼的宓子賤治理單父，做出了許多非同尋常的舉動，在很短時間內，將那裏治理成魯國最好的地方。

　　老師帶領我們去單父考察，給予宓子賤超乎我們想像的好評，讓我們深深體會到活學活用的成效。

　　在老師多年的教育中，一直貫徹一種「活學活用」的做法，許多同學因此深深受益，有的還成為這方面的榜樣。宓子賤就是其中的一個。

　　為了實現理想，老師曾帶我們一幫學生周遊列國十多年，之後又回到魯國。我們本想施展一番抱負，但遺憾的是，魯君不夠重視我們，魯國的宰相季康子更沒有器重我們，而原來老師寄予厚望的冉求等同學又不爭氣……一時老師的心情也不好。

　　一天，我從外地回來，一進門便驚喜地發現：老師滿臉笑容。

　　他身邊還有一個人也笑得很開懷，那是同學巫馬期。

　　一見到我，老師就說：

子貢，走，我們去單父看看宓子賤，他做得很好啊！

宓子賤真的做得很好？這可真有點出乎我的意料。但看老師這樣高興，我也很高興，於是便和老師、巫馬期上了車，一同去宓子賤擔任行政長官的所在地單父。

一路上，老師不斷誇讚宓子賤：

子貢，你是我的弟子中很聰明的一個，可是他也很聰明，甚至還很精呢！

「很精」？這是我們同學間誇讚誰精明的話，怎麼老師也用上了？

然後老師問我，當官要當得久，其中一個不可忽略的因素是什麼？

答案似乎很多，我一時也不知從何說起。

老師沒等我回答，就自言自語道：

關鍵一點，就是上司放手讓自己去做。宓子賤在這點上可是精明得很啊！

這個觀點，對聽慣了「道」的我而言，的確很新鮮。

宓子賤到底是怎麼做的？

原來，宓子賤去單父上任之前，因為怕國君聽信讒言，於是在辭行時，提出讓國君身邊的兩個秘書和自己一同去上任。

到任後，宓子賤安排工作，就讓兩個秘書在旁邊記錄，但當他們寫字的時候卻又命人不停地拽他們的胳膊。這樣一來，他們自然寫不好，於是宓子賤就向他們大發脾氣。

兩個秘書無所適從，只好請求回去。宓子賤應允了。

兩個秘書回去後就向魯君訴苦，於是魯君把老師叫去，質問他為什麼要推薦這麼一個不講道理的學生給他。

老師一聽，當即會意一笑，說：「他是在向您勸諫啊！」

看着魯君迷惑不解的神情，老師說：「要用好一個管理者，就要信任他。您對待宓子賤就像對其他地方官一樣，並不放心，用了種種方法制約他。這就好比宓子賤用那兩個秘書，一邊要求他們記錄，一邊卻扯他們的胳膊，這樣他們能寫好嗎？」

魯君一聽，恍然大悟，立即派人到單父告訴宓子賤說，從現在起，單父的一切都交給他治理，只需每五年向國君彙報政績就行了。

從那以後，宓子賤開始全力推行自己的主張，施行仁政，單父的經濟一天比一天好，老百姓也受到很好的教化。

這的確很不簡單。但老師如此推崇宓子賤，想必他在為政方面，還有其他出色的表現。

我提出這個問題，老師便笑着讓巫馬期向我介紹他前幾天去單父考察的感受。

巫馬期談到了這樣一件事：

 到了單父後，有天晚上我經過河邊，看到一個漁夫在捕魚。但奇怪的是，漁夫捕獲了好幾條魚，但又將牠們放回河裏。

他覺得很奇怪，於是就上前去問漁夫為什麼要這樣做。

漁夫回答說，他們的長官宓子賤經常教育他們說，要過好日子，就不能只想着自己，也不能只想着現在，還要想到長遠的發展。

那些魚現在還太小，可以等牠們長大點再捕，否則就太自私，也太沒有長遠眼光了，所以就把牠們扔回水裏。

聽了巫馬期的話，我不禁對宓子賤刮目相看，看來他確實很有一套，這是真正的仁義道德落到人們心坎上啊！讓百姓夜間勞作而沒有任何監督，還能自覺遵守社會道德，這可不是一般人能做到的。

一邊走一邊聊，我們很快就到了單父。

單父處在魯國和衛國的交界處，屬於魯國境內。這裏早先也是民心不古，有傷風化的事情時有發生。但此時我們看到的卻是市面繁榮、人人有禮的景象。

宓子賤見我們遠道而來，十分高興。一番寒暄後，老師便稱讚他治理單父有功，並請他談談自己的體會。

宓子賤開始謙虛了一番，但很快就露出一絲掩飾不住的笑容，並且說自己其實在到單父之前，就已經開始學習如何治理了。

哦？這倒是很有意思。

宓子賤告訴我們，在來單父的路上，他聽說賢人陽晝就住在不遠的地方，於是先去拜訪他。

陽晝並沒有直接談為政之道，而是談了一番關於釣魚的理論：「一放下釣絲和魚餌，馬上就游過來吃的，是陽橋魚。這種魚瘦，而且味道也不鮮美；而來去捉摸不透的是魴魚，這種魚肥，味道鮮美。」

這讓他明白了一個道理：為政之道，就是要避開前面那種魚而去尋找後面這種魚。

和陽晝談完之後，他繼續趕路。還沒到單父，遠遠就看到那些達官顯貴等在半道上迎接他。於是他對車夫說：「快趕車，快趕車！陽晝說的那種陽橋魚來了。」

於是，他避開那些達官顯貴，直接到單父上任了。在他的治理下，單父不僅愈來愈富足，老百姓也愈來愈安樂，並能自覺地以禮義來約束自己的行為了。

老師問他：

你治理單父，時間並不太久，卻取得明顯的政績，黎民百姓都很擁戴你。你究竟用什麼方法達到這一效果的？

宓子賤說：

弟子首先帶頭，尊敬長輩，疼愛晚輩，體恤孤寡之人，同情所有遭遇不幸的人。

老師淡然說道：

這個不稀奇，任何治理地方的官員都應該這樣！

宓子賤接着說：

在這裏，我當作父親一樣侍奉的有三個人，當作兄長一樣侍奉的有五個人，當作朋友一樣對待的有十一個人。

老師這才微微一笑：

這樣不錯。第一條可樹立榜樣，教黎民孝道。第二條可教黎民家庭和諧之道。第三條可教黎民彼此和諧相處。不過，這還不算是最主要的！

宓子賤又說：

到了單父後，我就到處去尋訪賢人，發現這裏超過弟子德才的有五個人。弟子每每請教他們，他們都坦誠地教弟子如何治理單父。

老師這才興奮不已地說：

這才是最重要的啊！做領袖的人，最怕的就是自以為是，所以要想辦法去尋訪比自己強的人，並向他們請教。從前，堯、舜都曾經微服私訪，舉賢者而用之。能薦舉賢良之人，才是創造大事業的根本，才使他們成了聖明帝王。你沒有白學聖賢之道！

　　幾天後，我們回到魯國的都城曲阜。不久，我們又得到一個消息：由於單父地處邊境，單父的強盛使相鄰的齊國很擔憂。這年初夏，齊國揚言要攻打單父，一時人心惶惶。宓子賤一面安撫民心，一面加緊操練軍隊，做好迎戰的準備。

　　就在戰爭氣氛愈來愈緊張的時候，幾位德高望重的老人代表老百姓

找到宓子賤，說城外的麥子熟了，請求趁齊兵還沒到來，盡快打開城門讓老百姓出城任意收割，這樣既可以增加糧食，又不會資助敵人。

但這被宓子賤拒絕了。

幾天後，齊軍開始攻打單父。單父軍民在宓子賤的帶領下英勇抗敵，最終擊退了齊軍。齊軍雖然退了兵，但同時也將城外的麥子全部割走了。

於是有人將這件事報告季康子，季康子聽後很生氣，派人到單父質問宓子賤，為什麼要讓麥子落到齊軍手中，卻讓老百姓遭受無糧之苦。

宓子賤說了這樣一番話：

麥子沒有了，可以再種。但如果讓那些沒有耕種的老百姓因此不勞而獲，產生了非分之想，那麼他們就會樂意讓敵人來侵犯。一年麥子的損失，不會影響魯國的強弱，但人心變了，那是花多少年都無法彌補回來的！

季康子一聽，覺得很有道理，於是不僅不再追究這件事，還撥了不少糧食給單父，幫助老百姓度過難關。

消息傳來，我對宓子賤真是佩服得五體投地：非凡的眼光，才能造就非凡的事業啊！

而老師更是喜得眉毛都翹了起來，不斷誇讚道：

君子之道，既要仁義，也要智慧。讀書既要懂道理，也要能靈活應用。這些，宓子賤都具備啊！可惜，宓子賤治理的地方不大，如果讓他治理大地方，他就可以繼承堯、舜的偉業了。

之後，他轉過頭來對我們說：

你們看到了吧？活學活用就能有這種成效啊，既能實現理想，又能為人稱道！

宓子賤善於從政的故事，見於《孔子家語‧屈節解第三十七》、《說苑‧政理》。

孔子智慧錦囊

　　一個優秀的學習者，一定會在兩方面下功夫：一是「活學」，二是「活用」。

　　活學，就是不死背書，也不是被動地成為一個「知識倉庫」，什麼東西都往腦袋裏裝，而是盡可能選擇更多有價值的東西學習，並常常思考，知其然，更知其所以然，弄清事物之間的聯繫。

　　如宓子賤之所以能將地方治理得好，就是由於學到如何鑒別「奸臣」，如何善用能人，如何引導民眾。這樣的知識，有的是他主動去學習的，有的是他在學習的過程中，花更多精力去鑽研的。

　　活用，就是不生搬硬套，而是根據具體情況具體應用，達到最好的效果。

　　如宓子賤，請國君派兩個人來當助手，卻又給他們製造難題，讓其難以做事，就是以此引導國君，望其不要給自己太多捆綁和束縛，並由此得到國君的放手支持。當敵人來侵犯，寧可讓敵人搶走麥子，也不讓本國百姓隨意收割麥子，這看似違反常情，其實就是考慮到人心變了比敵人搶劫更可怕。這種處理問題的方式，難道不遠遠高於一般人嗎？

　　最好的學習，一定是「仁義」與「智慧」兼備，活學與活用一體！

手造備忘錄

1. 我有一個比我優勝的朋友，

   他／她的名字是：_____

   我覺得他／她有這些值得我學習的地方：

   ☐ 待人有禮　　☐ 有毅力　　☐ 口才好

   ☐ 孝順父母　　☐ 有耐性　　☐ 謹慎細心

   ☐ 勤奮好學　　☐ 有自信　　☐ 其他：_____

2. 我覺得讀死書會帶來以下後果：

   ① _____

   ② _____

   ③ _____

杏壇學生守則一

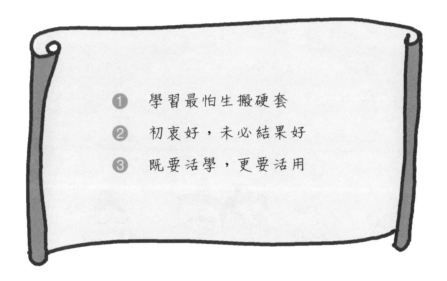

① 學習最怕生搬硬套

② 初衷好，未必結果好

③ 既要活學，更要活用

智慧真奇妙

子路和冉求問同樣一個問題，老師竟給了完全不同的答案。老師作為魯國的司法部長，沒有用法律嚴懲一對互相告狀的父子，而是採取特殊的方式使他們徹底轉變。齊魯兩國會盟，老師以武備為魯國奪回被佔的土地……

　　這些都向我說明一個道理：老師教我們的，不是死的知識，而是活的智慧。他是在開設一所歷史上從未有過的智慧學堂……

老師的尷尬時刻

權臣陽貨想借老師的名聲增加自己的威望，老師不願意又躲不過，最後發生了路遇陽貨的尷尬場面。

老師的無奈，引起了我的同情，但也激起了我離開他的念頭。

我還要聽他的課嗎？

這個老師，還值得我繼續追隨嗎？

就在杏壇，老師講課的地方。

就在秋天，一年中最好的季節。

秋風陣陣，望着窗外一片片飄落的銀杏葉，我一遍遍這樣問自己。

老師像往常一樣在台上講課，同學都坐在台下靜靜地聽。而我，卻

根本不曉得老師在講什麼，只是這樣固執地一遍一遍問自己。

固然，當時我成為老師的弟子還不到一年，對他那套有點繁瑣的「禮」不十分習慣，卻也知道他是全魯國學識最淵博的人。固然，因為從小跟隨父親做生意，使我覺得老師某些想法和做法頗為古板，卻也佩服他的品德和才情。

總之，我一直是很崇拜他的。而前一天發生的一件事，使我對老師產生了信仰危機。這件事，我後來稱作「陽貨事件」。

陽貨是魯國大夫季氏的管家。季氏是魯國最有權力的三位大夫之一，而這位管家，則是掌控季氏最重要的人物。

諸侯不把周天子當一回事，大夫不把國君當一回事，而有些家臣也不把大夫當一回事。這樣顛倒的社會現實，讓老師痛心疾首。

而季氏就是這樣的大夫，陽貨就是這樣的家臣。

可想而知，老師對於陽貨這樣的人，是何等的厭惡。可是這個陽貨卻偏偏動了心思，想請老師出來做官，以擴大自己的影響力。

陽貨想方設法接近和拉攏老師，甚至一連三天登門拜訪。老師明明在家，卻讓人推說自己不在，拒絕見他。

第四天早上，老師對我和幾位師兄弟說：

 常這樣躲着他也不是辦法，不如我們到外面去走走，免得大家尷尬。

於是，老師帶着我們去山裏玩了一天。直到黃昏，我們才往回走。

沒想到，一進門，留在家裏的子思就稟告說：

陽貨又來了，還送了一頭蒸乳豬呢！

老師皺了皺眉頭：

怎可讓他進來呢？我們出去不就是為了躲開他嗎？

沒辦法啊，他一直派人守在門口，看到您一走，他就直接進來了。他要送東西，還講了一番好話，您說，我怎麼能夠拒絕呢？

老師點了點頭。的確，這也不能怪小子思。

看來，躲是躲不過去了，陽貨明擺着給老師出了道難題：你不是最講究禮節嗎？按照禮的規定，地位高的人饋贈禮物給地位低一點的人，如果受贈者當時不在家，就應該事後到贈送禮物的人府上專程致謝。看你怎麼辦！

這的確是個難題，大家都看着老師，老師沒有作聲。

從第二天開始，老師安排弟子去查探陽貨什麼時候不在家。三天後，師弟冉求高興地告訴老師：陽貨出門了。

於是，老師帶上我們幾個同學去回拜陽貨。

陽貨果然不在家，老師讓他家的下人轉達自己的謝意後，就告辭了。

既然陽貨能這樣做，我們當然也可以用同樣的辦法對付他！一路上同學都很高興，老師的臉上也露出了笑容。

萬萬沒想到，尷尬的場面最終出現了。只聽子路師兄突然喊道：「老師，您看前面，陽貨⋯⋯」

大家抬頭一看，沒錯，那個被一幫人簇擁着、正滿臉得意向我們迎面走來的，不是陽貨又是誰？

老師的笑容僵住了。無奈之下，只得對陽貨道了一聲謝，然後想轉身離開。

誰知陽貨卻攔住了老師的去路，說：「我多次想向夫子請教，但一直苦於沒有機會。今天難得相逢，請夫子一定到舍下小敘。」

老師推說剛剛去過了。

陽貨說：「既然如此，您別站那麼遠，過來一點，我有話跟您說。」

老師猶豫了一下，還是走了過去。

陽貨問：「如果一個人很有才幹，卻偏偏躲起來，對國家的混亂不管不顧，這算仁德嗎？」

老師答：「不能。」

陽貨又問：「如果一個人希望從政，卻屢次錯失機會，這是明智之舉嗎？」

老師答：「不是。」

陽貨說：「歲月不等人，既然知道自己不仁不智，為什麼還要一天天蹉跎下去，不願出來做官呢？」

老師很窘迫，說：「好吧，我打算出來做官了。」

陽貨上了馬車，帶上一幫人離開了。

我永遠忘不了他那張帶著嘲諷的笑臉。

這是何等尷尬的一次會面啊！儘管對話的時間不長，我卻覺得如坐針氈，至於老師的感受，就更不用說了。

一回到家，性格最為直爽的子路師兄就迫不及待地問老師：

老師，您真的要出去幫陽貨做事嗎？

老師說：

我怎麼能去呢？陽貨這個人，心術不正，越禮犯上，總有一天會出大問題。幫他，不是為虎作倀嗎？

那您為什麼要答應他呢？

不答應他，不是徹底得罪他了嗎？

子路還想說什麼，老師卻一甩袖子，轉身進了屋裏。我發現，他的臉色很難看。

老師真可憐！

但很快，這種感情被另一種說不出的失望所取代。

我突然覺得，陽貨的話不是沒有一點道理的。人人都說老師是魯國最有智慧的人，為什麼總是沒有施展的機會呢？難道僅僅是因為生不逢時嗎？

再看他那樣輕易地被一個權臣操縱於股掌之間，問得張口結舌，最後不得不說些違心的話，聰明才智何在呢？

作為商人的後代，我要學習的，是在萬人之中應付自如的本領。這位老師還值得我跟隨嗎？

關於撞見陽貨的這件尷尬事，老師以後沒有再提起。但在許多年以後，我們同學私下悄悄討論過。

有的說老師不是怯懦，他以一種「示弱」的方式「不合作」，不僅避免了衝突，也保全了名節，恰恰是一種處世智慧。

有的說老師也是凡人，也有尷尬和無奈的時候，應當理解和寬容⋯⋯

而時過境遷，我覺得再去探究這一點並沒有太大意思。我要告訴大家的是：

幸虧我那時沒有僅僅憑老師的那次尷尬經歷就瞧不起老師，並因此離開他，否則，我完全有可能悔恨終生⋯⋯

陽貨事件，見於《論語・陽貨第十七》。

孔子智慧錦囊

浮躁，是讀書學習中最應避免的心態之一。

子貢原來也是很浮躁的人。因為浮躁，他差點錯過孔子這位最優秀的老師；因為浮躁，學習效果也必會大打折扣。《論衡・講瑞篇》載：子貢跟隨孔子學習的第一年，認為自己超過孔子；第二年，覺得孔子和自己差不多；第三年才看到孔子高於自己，才下決心好好學習。如果他一開始就虛心並定下心來學習，必然會從孔子那裏學到更多。

這就是「半罐子水」往往最不願意學習，耽誤太多時間的教訓。

還有一個故事值得大家借鑒：貝索是愛因斯坦的朋友，知識淵博，思維敏捷，在愛因斯坦創立相對論的過程中，曾經給予他不少啟示，乃至被譽為「相對論的助產士」。但是貝索一輩子並沒有自己的任何科學建樹。

對此，愛因斯坦曾直言相勸：「我堅信，如果你去掉一些浮躁，在研究問題時少一些見異思遷，專注去研究幾個問題，你一定能在科學領域中取得有價值的成就。」

要吃蘿蔔，培養一個冬天就夠了；要吃蘋果，要種養幾年時間。讓我們學會與浮躁作戰吧！

手造備忘錄

1. 我敬佩的老師是：＿＿＿＿＿＿＿＿，因為＿＿＿＿＿＿＿＿

＿＿＿＿＿＿＿＿＿＿＿＿＿＿＿＿＿＿＿＿＿＿＿＿＿＿＿＿

2. 我曾經：

☐報讀補習社　　☐請私人補習　　☐無需補習

當補習老師所教的知識達不到我的期望，我會選擇：

☐換一間補習社　　☐換一位補習老師

☐自學　　　　　☐再補一段時間看看

讀完子頁的分享，我覺得我可以這樣做：

＿＿＿＿＿＿＿＿＿＿＿＿＿＿＿＿＿＿＿＿＿＿＿＿＿＿＿＿

第二堂 變臉農夫

在一次考察的路上，老師的馬吃了別人的農作物，被農夫扣下來了。

老師派口才最好的我去談判，農夫根本不買我的賬。

老師再派馬夫去談判，他竟然很快把馬領回來了！

這件事，給向來自以為聰明的我一次很大的教訓⋯⋯

第二天，我已準備直接向老師提出離開他的想法了。

但是，發生了一件出乎意料的事，使我放棄這一念頭。

在課間休息時，子路師兄興沖沖跑到老師面前，問道：

知道了應該做什麼就立即行動，對嗎？

老師答：

有父兄在，你應當先向他們請教啊！怎麼能說做就做呢？

子路師兄一愣，沉吟片刻，點了點頭，出去了。

過了一會兒，師弟冉求輕手輕腳地進來了。

沒想到，他向老師問道：

知道了應該做什麼就立即行動，對嗎？

這和子路所問是同樣的問題。我更沒想到的是，老師所給的答案卻完全相反：

對，知道了該做什麼就立即去做。

這一下把我弄糊塗了，也把和我站在一起的公西華弄糊塗了。

我暗想：老師是不是和我一樣，還沉浸在「陽貨事件」的陰影裏，變得語無倫次了？

公西華先忍不住了，問道：

老師，子路和冉求問同樣的問題，您的回答怎麼正好相反呢？

老師微笑着看了看他，然後扭過頭來問我：「子貢，你是不是也有同樣的疑問啊？」

我本不想作聲，但既然老師問了，只好也點了點頭。

老師說：

我之所以這樣回答，是因為子路做事容易衝動，膽子大，如果不抑制他，可能會出大問題；而冉求則恰好相反，遇事容易退縮，所以要激勵他。

那一瞬間，我覺得自己的心受到極大的震動：一直以來，我希望從老師那裏得到對一些問題、一些道理的最權威、最正確的解答，可是，老師那裏並沒有所謂的「標準答案」！

但是，這沒有「標準答案」的做法，給我的感覺恰恰最有道理，也最有啟發！

這樣的教育方式，令人耳目一新，更令我覺得：在這種教育方式下學習，自己一定能得到最大的提升與幫助。

於是，我忍不住問：

 老師，您的教育方式與別人有什麼不同呢？

老師想了想說：

 我不認為按照統一的標準施教，才是最好的教育，恰恰相反，我希望根據每個學生的不同特點因材施教。

這很對呀，每個人學習的目的，不就是希望成為對社會有用的人才嗎？可是人與人個性不同，就像樹一樣，柳樹喜歡潮濕，松柏能耐乾旱，如果看不到這種不同，怎麼能提供各自適合的成長環境呢？

我接著問道：「老師的這種教育方式，最大的特點是什麼呢？」

老師沉吟了許久，然後對我微微一笑，說：

「這個問題需要你慢慢體會，等你有了心得，我們再討論。」

這是老師教育的又一特點：有時候，他不願意直接向你提供一個答案，而是通過啟發，希望你自己找到它。

既然這樣，我就好好體會吧。

幾天後發生的一件事，讓我對老師的這種教育有了更切身的體會。

那一天，老師帶我們去齊國的邊境考察，經過一片田地時，由於路不好走，老師下了馬。

馬夫將馬交給一個小師弟牽着。

走出去老遠，才發現牽馬的小師弟沒有跟上來。過了好一會兒，只見他慌慌張張地跑過來，喘着粗氣報告說：「老師，不好了！剛才那匹馬跑到田裏，不小心吃了幾顆麥子，被農夫扣押下來了！」

老師一點不慌，轉頭對我說：「子貢，你的口才是同學中最好的。這件小事應當難不倒你。」

聽了老師的話，我有點飄飄然，二話不說就去跟那農夫談判。

可是，任我將道理講盡，那農夫死活不肯把馬交還。

最後，我只得垂頭喪氣到老師那裏復命，真沒面子！

老師沒說什麼，對馬夫說：「你去試試吧！」

我心想：老師是不是糊塗了？連我也不行，馬夫能行嗎？

萬萬沒想到，才一會兒功夫，馬夫就笑瞇瞇地牽着馬回來了。

大家都很意外，七嘴八舌問他是怎麼談判的。

馬夫回答說：「其實也沒什麼。我一見農夫，就按當地習慣，直接稱呼他老兄。寒暄之後，就用他能夠接受的語言對他說：『老兄啊，你不在東海耕種，我不在西海牧馬，但兩地的農作物卻長得一個模樣。牲畜又不懂得人事，馬兒怎知那是你的農作物不該偷吃呢？我們的馬兒吃了你的農作物，是我們不對，可是，你也需諒解這一點啊！』」

「那麼，你講完這話以後，他有什麼反應呢？」我不由得問。

「說了，你可別生氣。」

「我怎麼會生氣呢？」我當即表態。

他說：「好，那我就告訴你！聽完我的話，他立即就對我客氣起來了，說：你這位老兄真會講話，和剛才那位來討馬的人大不一樣。」

一聽他說這話，大家的目光一下都轉到我身上。

我的臉一紅，不過因為我剛才講了那麼多，都是徒費口舌，我想：他怎麼講我都不為過。

於是，我乾脆厚起臉皮問一句：「那麼，他怎麼說我的呢？」

看到平時很愛面子的我敢於這樣提問，老師看了我一眼，我從他的眼神中看得出來他對我這一做法很欣賞。

馬夫將那位農夫的話直言相告：「剛才那位跟我談判的人啊，向我講了一大堆『之乎者也』的道理，可是我根本聽不懂。而且他派頭還很大，說這馬是老師孔夫子的，孔夫子如何如何有名，又講了許許多多大道理。我一生氣，心想，夫子關我什麼事？我可不聽你這一套，畢竟是你的馬吃了我的農作物啊，你的派頭和學問用到別處去吧，在我這裏行不通！」

聽了他的話，我的臉真是燒得火辣辣了。但是，我不得不承認他講得很對。

馬夫接着講自己如何進一步拉近情感、得到諒解的做法。當他講完以後，大家給他熱烈的掌聲。

這時，有個同學嘴快，說：「真沒想到，我們的子貢師兄還不如一個馬夫啊！」

老師趕緊制止了他：「不能這麼說。子貢的學問和口才的確好，只不過用錯了對象。用別人聽不懂的道理去說服他，好比什麼呢？外面祭祀時最豐盛的祭品是「太牢」（牛、羊、豬三牲齊備），可是如果拿來請素食者享用，他們一定覺得味道糟糕透了；最好聽的音樂是韶樂，可是請飛鳥聆聽，可能牠覺得是噪聲。光有學問和口才，並不能達到理想的效

果啊！」

如果說，子路和冉求向老師求教，老師給予不同的答案，使我受到很大的震動，那麼這一次討馬的事件，給我的震撼更大。

因為這不僅發生在我身上，更重要的是：學問和口才都更強的我，竟然在辦這樣一件事情上，竟不如一個馬夫！

我低頭反思，心事重重。老師看到我的表情，就先誇獎我：

這件事雖然你辦得不好，但是事情過後，你能虛心問別人，這說明你有心求取進步啊！

我說：

老師，您看我這一肚子學問，又有一點口才，但是辦起事來，卻比不上馬夫。這是不是說明：學問這東西，其實沒有多少用呢？

老師立即回答：「胡說，誰說學問沒有用！儘管這件事情你辦得不如馬夫，但並不說明學問沒有用。以後你要辦更大的事情，你就知道學問愈大愈有用的道理了。但是，這件事也該引起你的深刻反思，為什麼你的滿腔學問在這裏沒有用呢？學問也就是知識，你可以想一想：知識固然重要，但是不是有一種東西，比知識更重要呢？」

「那麼，應該是什麼呢？」我不由自主急切地問老師。

老師不願意回答，等待我自己得出答案。

我細思苦想，突然豁然開朗，說：「老師，我想應該是智慧吧！」

老師對我露出了肯定的目光。之後再問我：

知識與智慧的區別在哪裏呢？智慧對知識的作用
又在哪裏呢？

我脫口而出：

知識是死的，智慧是活的。智慧對知識的作用，
取決於是否能夠活學活用！

老師不斷點頭，對我露出了讚賞的微笑。

我終於對老師有了新的認識：他開辦的，不是拿高分的學校，而是一所前所未有的智慧學堂！

通過這一事件，我對老師的看法徹底改變，我決心跟老師繼續學下去……

1. 子路與冉求問孔子同樣問題（聞斯行諸）的故事，見於《論語·先進第十一》。 2. 子貢不如馬夫的故事，見於《淮南子·人間第十八》、馮夢龍《智囊大全·見大卷》。

孔子智慧錦囊

現今社會，不少人認為學習只為考取高分、入讀名校，「入名校」甚至被一些人視為等同於「贏在起跑線」。

這與影響世界數百年的理念「知識就是力量」有關。這一觀點由英國思想家培根提出，在他那個時代，有很大的前瞻性，但在當代，卻有不少局限。我們不妨就「知識就是力量」提出三個疑問：

1. 知識是不是需要轉化後才能變為力量？

2. 是不是所有的知識都能成為力量？

3. 它是建設性力量，或是破壞性力量？

學習的目的，不只是增加知識，更要求提升人性與智慧。

手造備忘錄

1. 我認為學習　□需要　□不需要有「標準答案」，
　　因為：

　　_____

2. 有人說「求學就是求分數」，我的看法是：
　　□非常認同　　□有一點認同
　　□不太認同　　□完全不認同
　　如果我是孔子，我會這樣回應這種說法：

還原父子情

一對父子互相告狀，許多官員都說兒子不孝，應該把他殺掉。

身為司法部長的老師卻沒有這樣做。他採取一種特殊的判決方式，創造了誰都想像不到的圓滿結局……

老師望着一對相扶着離去的父子微笑，我站在一邊，幾乎目瞪口呆。

誰能想得到呢？就在幾天前，這兩個人甚至互相仇恨、爭執到對簿公堂的地步，而現在，竟然互相體貼關懷、和好如初。

而更讓人難以想像的是：使他們關係變得和睦的，不是別人，而是剛被提拔為魯國的大司寇——司法部長的老師！

要知道，這可是最有權力的職位之一啊！要知道，大司寇面對打官司的人，應該是用法律的手段解決啊！

是的，對法律，老師可以說是運用自如。在這一案件中，他運用了法律，但他運用得更多的，是比法律更重要的東西。

事情是這樣的：前幾天，一對父子打起官司來，竟然告到了司寇府。

魯國重視孝道，不少官員知道這一消息後紛紛說：「哪有兒子告父親的？先殺了那個不肖之子再說！」

這是佔了絕對上風的意見。我們都以為，一貫提倡孝道的老師肯定會接受這種意見。但老師卻說：「不能殺。」

司寇府的一位官員很不解：「提倡孝道是治理百姓的根本。殺一個不孝的人能對所有人有所警誡，不是很好嗎？」

老師答：

父子打官司是不對的，尤其是兒子不能告父親，這樣的道理哪個老百姓不知道呢？現在發生了這樣的事，歸根結底是我們這些居上位的人沒有盡到教導的責任。

這位官員聽後很不以為然。

老師微微一笑，說：「讓我親自處理這宗案件吧！」

案件審理過程中，父子二人各執一詞。

老者說：「這個逆子，好逸惡勞，什麼事都不幹。我忙裏忙外，他卻只知道坐享其成。我勸他下田幹活，他非但不聽，反而動手打我。求大人為我作主！」

少者則說：「並不是我先打他的，是他蠻不講理，開口就罵，還經常打我……」說着，他脫去上衣，露出紫一塊、青一塊的傷痕。

老師沒有表態，而是細細詢問了他們家裏的情況。

原來，老者的妻子健在時，父子感情尚算不錯，但自妻子去世後，情況就大不一樣了。家庭缺少溫暖，加上農作物收成不好，日子愈過愈窮，父子心情都不好，關係愈來愈差。

聽到這裏，老師非常同情他們，不厭其煩地向這對父子講父慈子孝、家和萬事興的道理。

他們看上去像是有所觸動，但誰都不肯服輸。

老師板起面孔，厲聲說道：

父不像父，子不像子，豈有此理！來人啊！把這對不懂禮制的父子關進監牢！把老的押進新牢，小的關進舊牢，餓他們三天，看他們還敢不敢說自己冤枉！

兩個人都吃了一驚，隨即大喊冤枉。

老師一甩袖子，退堂了。

一連過了三天，到第四天早上，獄吏匆匆忙忙跑來向老師稟報：「父子倆都說要認罪，正在牢裏痛不欲生地哭呢！」

老師當即升堂。

父子倆顧不得是在公堂上，一見面便抱頭痛哭。

周圍的人都莫名其妙，只有老師頻頻點頭。

原來，老師在關押他們時，特別把二人分別關在舊牢和新牢裏。為

什麼這樣安排呢？老師其實大有深意……

老者被關進新牢後，不住地唉聲歎氣。突然，房樑上傳來一陣嘰嘰喳喳的叫聲——那裏住着一窩燕子。只見老燕子一直忙碌着，不時進進出出，銜着小蟲給小燕子餵食。

老者呆呆地看着，不知不覺間，淚水沾濕了衣襟……

少者被關進一間舊牢，裏面又暗又潮。他趴在窗口往外看，只見空蕩蕩的庭院裏只有一棵大槐樹，樹上有個烏鴉窩，小烏鴉正在給老烏鴉餵食。原來老烏鴉的眼睛瞎了，只能靠小烏鴉來餵養。

一連三天，少者都能看見小烏鴉盡心盡力地叼東西給老烏鴉吃。老烏鴉心滿意足的呱呱叫聲，一聲聲觸動他的心，最終讓他羞愧無比。

老師問少者：「你現在知罪嗎？」

少者抹淚道：「知罪。」

「罪在哪裏？」

「罪在忘恩負義，不知報答父母的養育之恩。」

「那你以後該怎麼做？」

「痛改前非，重新做人。」

老師點點頭，又問老者：「你知罪嗎？」

老者道：「知罪。」

「罪在哪裏？」

「罪在對孩子缺少慈愛。」

老師聽了，說：「既然如此，我現在就放你們回去。希望你們此後勤於耕種，好好過日子。」

兩人連連點頭，兒子攙着父親一起走了。

這樣的結局讓我們既激動又興奮，老師斷案真是與眾不同啊！

「作為司法部長，您完全可以，而且應該用法律手段來懲罰他們，可是您為什麼沒有這樣做？」一個小師弟好奇地問道。

老師說：「大家一定要記住一個觀點：『不教而誅是為虐。』就是說，如果在對人實施教育、教化之前，就以法律的名義去懲罰他，甚至殺了他，這就是虐待，和殘殺無罪的人性質是一樣的。從政者要事先公佈法律條文、道德規範，這樣百姓才有依從的標準；而關鍵是在上位者要以身作則，帶頭遵守。只有這樣，老百姓才會心悅誠服、樂於順從。就像八尺高的牆，大人不能翻越過去，而八十丈高的山，小孩就能爬上去玩，這是因為有坡，逐漸下趨，可以慢慢地爬呀！這就是教化的作用啊！」

老師進一步強調說：

只知道以權力、法律來懲治人，這叫做「霸道」，而能夠以教化的方式，讓老百姓自覺改善，這就叫「王道」。霸道崇尚的是「用拳頭說話」，但我要告訴你們：教化比拳頭更有力量！

老師的確不是一般的司法部長！他有着遠遠超過司法部長的境界！

後來，我跟隨老師周遊列國十四年，經常不由自主想起老師這個特別的審案故事，並總結出一個最值得重視的結論：老師終生向各國君主不斷倡導的，其實就是管治的「王道」……

孔子審案的故事，見於《說苑・政理》、《孔子集語・論政九》、《孔子家語・始誅第二》。

孔子智慧錦囊

看到孔子重視教化的做法，不由得讓人想起「太陽和北風」的寓言：

北風和太陽是好朋友，可是有一天，它們為了爭論誰的本領大而吵起來。它們爭來爭去，誰也說服不了誰。

這時候，正好有個人路過，太陽對北風說：「這樣吧，我們比一比，看誰能讓這個人把衣服脫下來，誰的本領就大。」

北風點頭同意，接着就輕吸一口氣，吹了出去。那個人突然感到冷了，就把衣服裹緊了。北風很不服氣，更加用力地吹，可是那個人不但沒有脫衣服，反而還把衣領豎了起來擋風。最後是北風愈吹，他把衣服裹得愈緊。

北風承認自己無能為力了，之後該輪到太陽了。它用力一照，那人突然感到熱了，他伸出雙手，放下衣領，解下衣扣。太陽發出更熱的光芒，那個人很快便把衣服脫下了。

這就是溫和勝過暴力的效果啊！

在中國歷史上，兩種不同的管治模式——「霸道」與「王道」，往往帶來不同的效果：「霸道」強調以力服人，只能讓人被動屈服；「王道」強調以德服人，卻能讓人主動改善和跟隨。

管治離不開「霸道」，但「王道」更有價值，更值得提倡。

手造備忘錄

1. 如果故事中的案件發生在今日的香港，我覺得法官會
   這樣判決：

   _____

   與孔子的審案方法相比，哪一個更好？

   _____

2. 當我犯錯時，家長和老師們通常會：
   ☐ 向我講道理，曉以大義
   ☐ 施行懲罰
   ☐ 其他：_____
   我覺得_____的方式較好，因為這樣能令我
   吸取教訓，避免再犯同樣的錯。

本堂金句

子曰：「不教而殺謂之虐。不戒視成謂之暴。」

（《論語・堯曰第二十》）

第四堂 佔領夾谷

在齊魯兩國國君的夾谷之會上，代表魯國主持這次會盟的是老師。

這次會盟由齊國提出，其目的是要向魯國宣示國威，並藉機壓制魯國。他們認為一向重視禮儀、文化的老師，必然會被他們欺負。

沒想到，他們的陰謀徹底被老師挫敗了。

「我治理魯國以來，就數今天最高興了。我們魯國向來被齊國欺壓，這次終於贏過他們了。大司寇，這是你為國家立下的最大功勞啊！」

魯定公滿面春風，一邊開懷大笑，一邊不斷向老師道謝。

我們跟在他和老師後面，也一邊高興，一邊為老師感到格外自豪。

夕陽西下，晚風吹拂。

我看着老師的背影，對他的景仰和敬佩又增加了幾分。

我怎麼能不對他更加景仰和敬佩呢？剛剛發生的一切，不僅幫魯國

挽回失去的尊嚴和土地，而且讓我們再次看到老師超乎尋常的智慧。

　　齊國是魯國強大的鄰國，一直對魯國虎視眈眈。在一些不懷好意的大臣的慫恿下，齊國國君齊景公提出要與魯國國君魯定公會盟，相會的地點在齊魯交界處的夾谷。

　　此次會盟有可能凶多吉少，擔任魯國宰相的季桓子十分狡猾，本來應該由他陪魯君去會盟，但他借故不去，卻將老師推了出來，而老師也當仁不讓。

　　於是魯君便命老師以大司寇的身份行宰相之事，陪同自己去會盟。

　　我和子路等幾個弟子陪老師一起參加這次會盟活動。果然，這次會盟發生了不少事，甚至能以「驚心動魄」來形容。

　　會盟在夾谷南部一處空闊的地帶舉行，並臨時築起了一個土壇，齊魯兩國君主登壇就座。

　　開始時，兩國國君都很客氣。沒多久，齊國大夫黎彌走過來對魯定公說：「為了這次會盟，齊侯特意讓我們準備了四方樂工為您奏樂，請您觀賞。」

　　還沒等魯定公說話，黎彌就一揮手，一幫人立即往壇上衝了過來。

　　那是什麼樂隊啊！一個個塗着紅粉，頭上紮着羽毛，身披皮衣，手執矛、戟、劍、盾，打扮得如同野人一樣，一邊嬉笑打鬧着，一邊向土壇逼近。

　　此情此景，使我的心一下提到了嗓子眼，不由自主地看魯定公，卻發現他臉色慘白。看來，他從來沒有見過這種陣勢，比我更驚慌。

　　我立即轉身去看老師，竟發現一個令許多人想像不到的情景：老師一點也不慌亂，而是急走上前，對着台下喝道：

兩國國君友好相會，怎麼容得了這樣一幫野蠻樂隊鬧事，請齊國主事官下令撤去！

管事的官員當時就在壇下，與魯國的左司馬相對而立。但他對老師的話置若罔聞。

老師又很嚴肅地大聲重複了一遍剛才的話，但那個官員只是看了看黎彌，而黎彌卻毫無反應。

於是老師便走到齊景公身邊，躬身施禮之後，堅定而大聲地說道：「如此盛會，卻用蠻夷之樂，這不合禮儀，請您下令斥退吧！」

看着一臉正氣的老師，齊景公不免有些心虛，在老師的逼視下，齊景公終於揮揮手，讓那幫樂手退回去。

盟壇好不容易恢復平靜，沒想到，這時黎彌又上前一步對魯定公說：「既然君侯和孔夫子不愛聽四方夷樂，齊侯還備有宮中雅樂，請魯侯欣賞吧！」

老師曾經去過齊國，在那裏聽過著名的《韶樂》，為此甚至「三月不知肉味」。想必此刻齊國為了彌補剛才過分的行為，會獻上一台真正的雅樂吧？

於是老師向魯定公點了點頭，魯定公笑了笑，也向黎彌點了點頭。

黎彌走到壇邊，又一揮手。

沒想到這次出現的並不是曾經使老師極為着迷的雅樂，竟然是一隊侏儒，唱着奇怪的調子，似舞似跳地擁到壇前，大呼小叫地亂作一團。

這下老師全明白了，黎彌擺明存心戲弄魯國。他的目的就是要令魯定公明白：齊魯兩國雖然結盟，但在強齊眼裏，弱魯只不過如同侏儒。

是可忍，孰不可忍！

老師又走到壇邊，向着齊國主事官厲聲喝道：「侏儒戲諸侯罪不可恕，請齊國的主事官依法行刑！」

主事官又將目光投向黎彌，黎彌照樣裝作沒看見。

這次，老師也不請示齊景公了，當即大聲說道：

齊魯兩國既已訂盟結好，齊國的事就如同魯國的事。魯國的司馬申句須聽令，立即代齊國執法，將戲弄諸侯的侏儒斬首！

黎彌沒料到老師會走這步棋，當他看見老師不可侵犯的目光時，才意識到自己輕視的這位老夫子，既不是書呆子也不是儒弱書生。於是他趕緊道歉，之後又開始狡辯：「兩國和好，以樂隊助興，這本來就是一件讓大家高興的事情。可是大司寇卻一而再、再而三地阻止我們齊國好意組織的歌舞活動，這不是讓我們的會盟變得太沒有友好氣氛了嗎？」

老師微微一笑，說：「您說得對，以樂隊助興，可以給會盟活動帶來友好的氣氛，但也要看如何組織。」說完，老師走到齊景公面前，施禮後說：「齊侯，魯君也為這次會盟準備了宮廷樂舞，請齊侯欣賞。」

說完就傳樂隊登壇獻樂。隨着一陣古樸典雅的樂曲聲，魯國的宮廷樂隊在樂師的帶領下，款款登台。

只見六十四人組成的方隊，邊歌邊舞，一下子緩和了剛才劍拔弩張的氣氛。這就是八佾舞。由於魯國是使周朝得以強大的周公的屬國，周禮規定，只有周天子與魯國國君才有資格享用這種舞蹈。

八佾舞是魯國最隆重的舞蹈。在會盟的地方跳這種舞蹈，一方面顯得魯國格外重視這次會盟，同時也是想讓齊國知道，雖然齊強魯弱，但魯國仍然是周天子的東方代理人，齊國再強大，也只能用六佾舞，在這方面，齊國根本無法相比。

於是，這次訂盟就開始變成了禮樂的較量。

在首個回合，齊國就敗下陣來，一下子落了下風。

我遠遠地看着齊景公，看得出來，這讓齊景公很惱火，也許他從來沒這麼窩囊過吧！

當天晚上，齊國和魯國的君王各自回到自己的陣營休息。

魯定公和臣子喜不自勝，為剛才的成功碰杯慶賀。

我們這幾個弟子更是高興，不斷稱讚老師既有學問又有魄力，否則怎能壓得住實力比魯國強大的齊國呢？

但耐人尋味的是，老師卻沒有我們這樣輕鬆。一個晚上，只見他進進出出，時而向魯定公彙報一下，時而又把有關的官員叫過來吩咐一番，我不由得暗暗敬佩：老師可真是個做事認真負責的人啊！

我勸老師早點休息，老師說：

有備才能無患。不知道明天會發生什麼呢？我們還是要多做點準備啊！

第二天，我驚喜地發現會盟的氣氛和昨天真有天壤之別。齊國顯得格外和善友好，齊景公與魯定公相談甚歡，而談到的許多問題，大家的意見也很一致。

在融洽的氣氛中，雙方即將訂立盟約。一切條款都已協商妥當，就等着簽字。

我不由得鬆了口氣，暗暗地說：「老師，昨晚您那樣忙碌，看來是太多慮了。」

就在這時，風雲突變——齊方突然提出一條補充條款：齊國出境征討時，魯國必須派三百乘的兵車跟隨，否則就是破壞盟約。

一聽這話，我們先是感到震驚，繼而感到氣憤。

這一下我更明白了，這次齊魯君王相會，就是齊國早就設計好的一個陰謀。他們先是想以非禮的行為來侮辱魯國，壓制魯國，但被老師挫敗以後，他們並沒有放棄反撲，而是要在最後時刻施展「撒手鐧」，逼魯國就範。

這時，魯定公又羞又怒，鬍子都抖動起來了。因為，如果照這一條簽字了，這就不是會盟，而是把魯國變成齊國的附庸國！

是可忍，孰不可忍！

但是，就在魯定公想表示反對時，只見黎彌手一揮，一幫齊國的官兵快步逼近魯定公，他們手拿長矛利劍，眼睛瞪着魯君，似乎在說：「如果你不答應，看我們怎麼收拾你！」

一看到這陣勢，魯定公立即心慌意亂了，馬上將求援的目光轉向了老師。當他看到老師的表情後，便放鬆下來了。

因為此時老師表現得十分平靜，而讓許多人想像不到的是，老師還

能微微一笑，且大聲宣佈：

齊魯兩國既結盟為兄弟之邦，一國出兵，另一國自當跟隨兵車相助。但魯國也要求補充一條條款：齊國曾經將魯國的讙陽、鄆邑、龜陰三地佔去，請齊國立刻歸還，否則也是破壞盟約！

這一下輪到齊國的君臣發愣了。齊景公惱羞成怒，我看他正想揮手，命齊國的官兵進一步威逼魯國君臣。

沒想到，只見老師手一揮，便有一個魯國的軍官揮動紅旗，四周一陣狂呼，在夾谷盟台周圍的樹叢中，竟然湧出大批魯國士兵來，一個個非常威武，讓人不敢小覷。

此情此景，大大出乎我們的意料，更出乎齊景公的意料。他顫抖着說：「你們怎麼來這麼多士兵啊？恐怕是不懷好意吧？」

老師還是很平靜地笑着說：「怎麼會啊？魯國是最講禮儀的，怎麼會有任何傷害您的舉動呢？士兵是為了保證雙方君主安全而來。」

到了這個關頭，齊國要以武力脅迫魯國君主，絕對是做不到了。

這時四周寂靜無聲，齊景公的汗開始往下冒了。不知過了多久，他抬起頭來，看到在他面前的，還是老師那張充滿自信和平靜的臉。

老師輕輕地問他：「時間不早了，您看我們訂不訂盟約啊？」

這真是給齊國的君主出了一個大難題。

若答應老師的條件，等於要他將吞到肚子裏的東西又吐出來。如果

不答應，這次會盟就沒有任何意義了。何況，會盟是自己提出來的，如果最後沒有簽訂盟約，豈不是遭天下人恥笑？以後齊國還怎麼立足？

再三考慮後，齊景公決定將原來佔領的三地歸還魯國，並寫進盟約。

這可是多年來從沒取得過的外交成果啊！多年以來齊強魯弱，魯國從來只有吃虧的份兒，而這一次，齊國卻被逼得將侵佔的魯國國土歸還。這麼大的勝利，怎麼不值得大家慶賀呢？

在回來的路上，我和子路等幾個同學興高采烈地跟在魯定公和老師後面。

我們覺得最開心的一幕，是看到齊景公本想以武力威逼魯定公，卻反倒被魯國士兵嚇壞了。我不由得問老師：「老師，我們都不知道有這麼多魯國士兵埋伏在那裏。這是怎麼回事啊？」

只聽一聲哈哈大笑，老師還沒來得及回答，魯定公就幫我們揭開了謎底：「我告訴你們吧。當初我們決定與齊國會盟的時候，你們的老師就向我提出：『有文事者必須有武備。』這次會盟，我們必須做好軍事防備，以免吃虧。我聽從了你們老師的建議，除帶了必要的護送兵卒，又加派軍隊悄悄埋伏在那裏，我們才沒有吃虧啊！」

談到這裏，他又哈哈大笑，說：「也許齊景公和他的臣子認為你們的老師只懂得禮儀，不懂得軍事。沒想到，你們的老師懂的還真多呢！」

此時，我對老師的佩服，只能以「五體投地」來形容。

而「有文事者必須有武備」這句話，卻激起了我另一個疑問：在魯國的父子案件發生後，我思考得最多的就是「教化」、「禮」這些東西。我認為這些東西有個特點，就是「柔」，甚至還認為辦事愈「柔」愈好。但這次夾谷之會，卻讓我看到老師與眾不同的「硬」的一面。老師的管

理和做法，怎麼這樣矛盾啊？

　　我把疑問提出來：

老師，您一直強調教化、強調王道，我認為所謂教化、王道，就是柔性管理，甚至愈柔愈好。但看您這次處理與齊國的外交，卻是強調「硬」的一面。我們該怎麼理解呢？

　　老師爽朗地一笑，說：

子貢呀，讀書可千萬不要讀成書呆子啊！做事分「道」和「術」兩個方面。所謂「王道」，強調的自然是「道」的層面。而剛、柔這些手段，都只是「術」的表現啊。在做事的手段和方式上，兩手都要具備，都須重視：該柔時柔，該剛時剛，這才是活的智慧啊！

　　接着他又講述了這樣一個觀點：「我們提倡仁義，一切以善為先，要做好人，於是便有人認為『馬善被人騎，人善被人欺』。可是作為好人的我們，怎麼能隨便被欺呢？對惡人的縱容就是對好人的犯罪，所以我們要以智慧和能力保護自己的善良啊！」

老師的話，令我對智慧的認識又上升了一個層次。

夾谷之會，使老師在魯國得到了空前的聲譽。我想，若是魯國的國君能從此堅定不移地重用老師該多好！

夾谷會盟的故事，見於《史記·孔子世家》、《孔子家語·相魯第一》。

孔子智慧錦囊

前面我們講過北風與太陽的故事，但那個故事並沒有講完，它還有後半部分：

太陽讓路人將衣服脫了下來，北風很佩服太陽的本領。太陽卻謙虛地說：「比讓人脫下衣服，是我的本領大，可是比誰能讓人穿上衣服，那就是你的本領大了。北風兄啊，其實我們是各有所長的！」

完整地看這個故事，就是任何人或事物，都有各自的優點和用途。只有充分認識和發揮各自的優點，才是真正的智者。

你也許經常聽到有人說「別做好人，人善被人欺」、「做老實人不好，做老實人吃虧」。其實，並不是你做好人或老實人有錯，而是你自以為有了美好和善良就有了一切，卻沒有想到同時要維護美好和善良。

學會向孔子學習，我們要永遠做好人，但我們也要擁有智慧與能力，絕不容忍「人善被人欺」。

手造備忘錄

1. 我知道一個「人善被人欺」的例子，
   這件事是這樣的：

   時間：＿＿＿＿＿＿＿　　　地點：＿＿＿＿＿＿＿

   人物：＿＿＿＿＿＿＿　　　事件：＿＿＿＿＿＿＿

   我想給這類善良的人如下建議：

   ＿＿＿＿＿＿＿＿＿＿＿＿＿＿＿＿＿＿＿＿＿＿＿＿

2. 假如我是學校的風紀，見到有同學違反校規，我會這
   樣運用剛柔並濟的方法勸導對方：＿＿＿＿＿＿＿

   ＿＿＿＿＿＿＿＿＿＿＿＿＿＿＿，使對方心服口服。

孔子謂季氏：「八佾舞於庭，是可

忍也，孰不可忍也？」

（《論語‧八佾第三》）

子在齊聞韶，三月不知肉味。曰：

「不圖為樂之至於斯也！」

（《論語‧述而第七》）

杏壇學生守則二

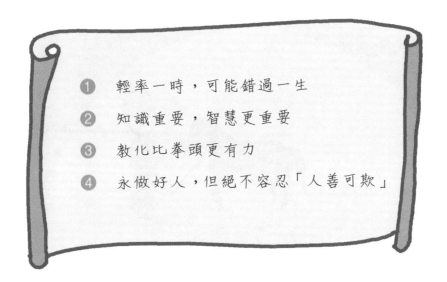

1. 輕率一時，可能錯過一生
2. 知識重要，智慧更重要
3. 教化比拳頭更有力
4. 永做好人，但絕不容忍「人善可欺」

第叁班

天才養成術

顏回做了許多我們覺得「神仙」才能做到的事情，其「秘訣」是他掌握了一套高效學習的方法。粗野的子路不僅學了許多知識，還能演奏非常美妙的樂曲。我一出馬，就挽救了魯國，並改變了五個國家的命運⋯⋯

　　這一切都說明：所謂「天才」，絕對不是天生之才，而是善於學習的結果。

　　只要你明確了學習的重要性，並掌握了高效學習的種種智慧，你也可能成為「天才」。

顏回的超能力

顏回是老師的弟子中最善於學習的人。

老師通過點評他的學習方法，讓我們知道高效學習的四步曲……

儘管顏回被公認是老師最好的學生，但當我得知顏回剛剛做過的一件事時，那一刻所受的震撼，只能用「目瞪口呆」這四個字來形容。

我得老老實實地承認：那一刻，我幾乎認為顏回不是我們的同學，而是一個降落在我們中間的「神仙」。

是啊，如果不是神仙，怎會有未卜先知的本領呢？

如果不是神仙，怎麼能作出其他人都不可能作出的判斷呢？

這件事發生在不久前，與魯君接見他有關。

在老師帶領我們周遊列國回到魯國後，許多人都向魯君建議：老師的學生中人才濟濟，應該從中提拔一些來為國效勞。

顏回是老師最得意的弟子，當然首先成為魯君考慮的對象。於是在

幾天前,他便召顏回進宮面試。

交談中,兩人談到了東野華。

東野華是魯君的御馬官,頗得魯君賞識。但顏回有些不以為然地說,用不了多久,東野華的馬就會跑掉。

這讓魯君很不高興,也許他是這樣想的:東野華是魯國最有本事的御馬官,怎麼可能讓馬跑掉呢?你顏回就算是孔門第一賢弟子,也不能如此狂妄斷言吧?

話不投機半句多,顏回的面試失敗了。

沒想到就在今天,東野華的馬果然跑了不少,大家費了很大的勁才找回來。

這讓魯君大吃一驚,顏回莫非真有未卜先知的本領?於是特地派人來獎賞顏回,而且一定要顏回告知:為什麼能作出這樣的判斷?

別說魯君,我們也太想知道了。

顏回向來謙虛,不願意多說。但是,老師進一步引導他,鼓勵他說出來。

於是,顏回就揭開謎底了:

我哪有什麼未卜先知的本領,只是不久前我親眼看過東野華御馬。他只求馬快,卻一點不懂得愛惜,每次駕馬,總是讓馬累得四蹄淌汗,力竭聲嘶。所以我知道他的馬必然會跑掉。

原來是這樣！他一講完，大家立即報以最熱烈的掌聲！

顏回不是未卜先知，他是以觀察和分析，得出東野華的馬會跑掉這樣的結論啊！

由此，我和大家一樣，對顏回的敬佩又多了一分！

魯君的使者走了，可大家仍熱烈地討論這件事。老師決定趁熱打鐵，引導大家開始討論「如何學習更有效」。

「在大家心目中，學習需要吃苦，這是肯定的。但是顏回這件事告訴大家，勤學苦學固然重要，掌握學習方法也同樣重要。對嗎？」

「是啊，老師，我們也正要向老師請教。怎樣的學習方法才是最有效的呢？」曾參提出了這樣一個問題。

老師點點頭，接着，就總結了學習的四步曲：

第一，博學：學習的範圍要廣；

第二，篤行：踏踏實實地實踐；

第三，慎思：慎重地進行思考；

第四，明辨：善於辨別問題的同中之異，異中之同。

於是這一堂課，就圍繞這四步曲展開。

老師首先賣了個關子，讓我們先說說同學中誰最會學習。

「顏回。」

「顏回。」

……

大家異口同聲地說。

這時，不知哪位同學說了句：「子貢師兄……」

他的聲音不大，但是大家都聽得清清楚楚。

老師點點頭，說：「子貢也很出色。你們認為和顏回比，誰更會讀書呢？」

我和顏回的性格截然不同，論能力各有所長，但論及誰最會讀書，還是顏回。

於是我說：

 我不能跟顏回比，他能夠聞一而知十，而我最多是聞一知二罷了。

這倒不是謙虛，而是真心話。

 論學習，我也認為你不如他。在你所說的觸類旁通方面，莫說是你，有時我也不如他啊！

老師喜愛顏回是眾所周知的，所以老師這樣讚揚他也不足為奇。

接着，老師便要我向大家介紹一下「顏回辨哭」的故事。

這件事給我的印象實在太深了。

那還是我們周遊列國的時候。

那一天，我們準備離開衛國，所以一早就起牀了。這時，從不遠處

傳來一陣哭聲，悲悲切切，聽得人肝腸寸斷。

老師聽得揪心，於是說：

清早哭得如此淒慘，不知道發生了什麼事？

站在一旁的顏回說：

聽這哭聲，不只是對逝者的悲傷，還帶有生離的哀音，看樣子是有生離死別的傷心事啊！

看着老師有些疑惑的眼神，顏回解釋說：「桓山有一種叫聲獨特的鳥，一次能孵四隻小鳥。當小鳥羽毛豐滿的時候，就要飛往四面八方，此去一別，可能永不再見。每當這時，小鳥的母親就會淒楚地鳴叫着送牠們遠行。我在桓山時，親耳聽過這種鳴叫。剛才的哭聲，很像桓山之鳥的悲鳴。我想或許是親人將要離去，不再回來吧！」

老師半信半疑，立即派人到處打聽。

過了一陣子，派去的同學回來說，鄰家婦人的丈夫剛去世，因為家中貧寒，無錢埋葬，只好將兒子賣掉。一會兒買主就要來領走孩子了，所以婦人抱着兒子哭個不停。

老師趕緊命人送些銀兩給婦人，讓她不要賣掉孩子。同時，忍不住對顏回大加讚賞：

能夠不見面就識別哭聲，真了不起，簡直是聖人啊！

老師很少用「聖人」稱讚別人，尤其對學生，那是絕無僅有的一次。

我把這個故事講給大家聽，很多年輕同學臉上都露出敬佩的表情。

老師評價說：「顏回的這個故事，啟示我們高效學習的第一要點：博學。若涉獵不廣，知識面不寬，又怎能作出這樣的判斷與分析呢？」

大家不斷點頭。

這時小師弟子張又問：

不過，老師，我有一個疑問，有的人很勤奮，讀的書也很多，可未必能像顏回那樣聰明。這到底是怎麼回事呢？

老師請顏回回答，顏回便總結說：「若想真正做到博學，不是涉獵廣就足夠，還要把握關鍵的兩點：一是學而能化，也就是學了之後能消化，轉化成自己的東西；二是學而能通，也就是融會貫通。我從兩種哭聲中聽出共同點，也算是融會貫通的一個小體會吧！」

老師對顏回的回答露出了讚許的笑容，鼓勵他說下去。

顏回便說出一個更精彩的觀點來：

死學知識，只會「隔行如隔山」；融會貫通，更能「隔行不隔理」！

哇，總結得真妙啊！話音剛落，便贏得大家熱烈的掌聲！

講完「博學」，接着，就該講到第二點——「篤行」了。

就在這時，突然聽到老師喚了一聲：「宰予！」

老師的聲音很大，而且還滿帶怒氣，但是沒有聽到宰予的回答。

抬頭一看，原來宰予竟然睡着了，而且還打着很響的呼嚕。

旁邊的同學趕緊將宰予推醒。他迷迷糊糊地睜開眼，看到老師滿臉怒容地看着他，立即慌了，趕緊站了起來。

真是朽木不可雕也！

老師問：

宰予，你還記得幾天前你陪着我在大河邊散步，我們是怎麼對話的嗎？

宰予有點不好意思，輕聲說：

老師對着奔逝的河水歎息道：「逝者如斯夫，不舍晝夜。」我當時很受觸動，我對老師說：老師能從這不分晝夜奔流的河水中，感慨時光消逝得太快。我更要珍惜青春時光，好好學習。

講得很好啊！但是我要問你：上課時睡覺，是珍惜青春時光，好好學習嗎？

宰予其實也是同學中的佼佼者，尤其口才，和我不相上下，老師還常常提到他的口才超過我。但他時常有些華而不實。當大家都在聽一堂最有價值的課時，他居然在睡覺，難怪老師會生氣。

老師歎了一口氣：「也好，這倒提供了『篤行』的反面教材。篤行，顧名思義就是踏踏實實地實踐。而上課睡覺，說一套做一套，與篤行背道而馳。」

老師接着又把話題轉到了顏回身上，說：「你們記得我是怎樣誇獎顏回賢良的吧？」

「記得。」立即有同學表示。

「好，你們說說看。」

於是，幾個年輕的同學就開始背：「賢哉回也！一簞食，一瓢飲，在陋巷，人不堪其憂，回也不改其樂。賢哉回也！」

他們搖頭晃腦的樣子，像極了老師。

我本以為老師會生氣，但老師看着他們可愛的樣子，忍不住和大家一起笑起來。

課堂又恢復了輕鬆活潑的氣氛，宰予這時也開始聚精會神地聽。

「認真的學習態度上只是篤行的一個方面，還要將學到的實踐出來，也就是知行合一。我誇顏回不是沒道理的，我所說的話，他從不提反對意見，看起來很愚鈍的樣子，但仔細觀察，就會發現用不了幾天，他就已經將我所講的東西實踐出來了，這可是篤行的真功夫啊！」

「我現在還要向你們推薦一個篤行的好榜樣。你們猜猜是誰？」

大家你看我，我看你，猜不出來。

「我要說的是曾參。」

是他？這個我向來不太喜歡的「阿木」？儘管從認識他到現在有好些年頭了，他也從一個毛頭小子變成了一個年輕的父親，但我對他的印象卻始終沒有太大改變。

老師說：「為什麼要誇他呢？你們知道他昨天幹了什麼事嗎？曾參，你來講講吧！」

曾參不好意思地推託：「老師，這是家裏的小事，不值得向大家一提。算了吧！」

老師卻很認真：「是你家裏的事，但不是小事。你講給大家聽聽吧！」

於是，曾參就告訴了我們如下故事：昨天上午，曾參的妻子要去市

集，她的兒子曾元哭哭啼啼也要跟着去。

為了哄孩子，曾參的妻子就隨口說：「你如果乖乖待在家，我回來就做豬肉給你吃。」

小曾元一聽，立即不哭了，眼巴巴在家裏等着母親回來。

誰知曾參的妻子從市集回來後，卻把自己的承諾忘得一乾二淨，大失所望的小曾元於是大哭大鬧起來。

晚上，曾參回家後知道了這件事，二話不說，便把家裏養的一頭豬從豬圈裏拖了出來。

他妻子一見，忙問他幹什麼。

「殺掉牠！你不是說要做豬肉給孩子吃嗎？」

「我不過是哄孩子，你怎麼當真啊！」

曾參立即正色說：

你以為跟孩子就可以隨便開玩笑嗎？小孩子跟着父母學，聆聽父母的教誨，做父母的欺騙孩子，就是教孩子學騙人啊！我寧可捨棄一頭豬，也不能讓孩子將來成為騙子啊！

說完，曾參就把豬殺掉了，讓孩子飽餐一頓。

曾參一講完，教室裏面就像炸開了鍋，儘管說曾參有點迂腐，但絕大多數人還是很佩服曾參的做法。

老師說：

我多次向大家講到信用的重要，如「自古皆有死，民無信不立」、「人而無信，不知其可也」。不講信用，人就無法在社會上立足。可是又有多少人能像曾參這樣，說到就要做到呢？這就是篤行的體現啊！

接着老師又問大家：「你們沒有發現曾參近期有明顯的變化？」

老師不提則已，一提，我倒想起來了：這個我不甚看得起的書呆子，不僅學習效率提高得很快，與大家的關係好像也愈來愈親密，這是怎麼回事呢？

老師把大家的期望說出來了，就問曾參：

曾參，你最近進步較大，大家有目共睹。你是怎樣做到的呢？

曾參低頭，輕聲說：

也沒有什麼，只是每天問自己三句話，然後問自己是否已經做到。

哪三句話呢？怎會有這麼大的效果？這一下吊起了大家的胃口。

為別人辦事是不是盡心竭力了呢？同朋友交往是不是做到了誠實可信呢？老師傳授給我的學業，是不是練習並運用了呢？

這三句話很樸實啊，真的那麼管用嗎？

曾參說：

我也不知道，開始這樣做並沒有什麼明顯效果，只是覺得：只要天天要求自己這樣做，不知不覺間，效果就變大了。

這句話給我很大的啟發。篤行的功夫，往往就是要時刻堅持，養成好的習慣啊！

接着就該談第三點——「慎思」了。

老師說：「慎思，就是要慎重、縝密地思考，學會思考問題的根本，見微知著，透過現象看本質。」

接着，他向大家講述了這樣一個故事：

齊桓公和管仲計劃征討莒國，計謀尚未宣佈卻已在國內傳揚開了。

齊桓公對此感到奇怪，因而向管仲詢問原因。管仲說：「知道這一消息的，只有我和您啊！國內一定有智慧高超的人啊！我們正式提出這一決定也就在您宮殿的陽台上，這個人會不會就在這附近呢？」

齊桓公仔細回想：「當時我們提出這一決定時，陽台下好像有一個老伯在服勞役。他手執鐵杖向台上望。但是，他與我們隔得很遠，應該聽不清我們的話啊！」管仲說：「不管如何，先把那人找到吧。」

那個名叫東郭垂的老伯被帶來了，他立即承認自己就是傳言齊桓公將要征討莒國的人。

管仲問：「你怎麼知道我們要征討莒國呢？」東郭垂說：「我聽說，治理國家的人善於謀劃，服勞役的人善於猜想，我是私自揣測的。」管仲便要他說出是如何猜想出來的。

東郭垂說：「我聽說治理國家的人有三種神色：優遊歡悅的，是吉慶快樂之色；淒愴沉靜的，是悲苦喪禍之色；奮發激動的，是猛厲之色。白天我遙望您站在台上，神色昂奮激動，這是要征戰用兵的神色；您說話時，發音如「吁」而不是「吟」，所說的應該是莒；您抬起手臂所指的方向，也正是莒國所在的方向。我私下盤算，小諸侯國之中尚未臣服的恐怕只有莒國吧？所以我說將要征討莒國了。」

身邊竟有這樣出色的人，讓齊桓公和管仲很震驚也很佩服，於是他們免除了他的勞役，供給他俸祿並以禮相待，有時還向他請教一些重要的事情。

沒有聽到聲音，只憑一個人的表情和手臂的動作，就能判斷別人的意圖，得出如此準確的結論，可以說是從無聲之中去諦聽，從無形之中去觀察，靠的就是「慎思」的功夫啊！

老師講的這位智慧老人同樣讓大家敬佩不已，但我提出：顏回判斷東野華丟馬的事，也是見微知著，透過現象看本質的體現。我希望顏回也與大家分享他是按怎樣的思路得出結論的。

　　顏回是個謙虛的人，聽到我的請求好像不好意思。但在老師的鼓勵和大家的熱情邀請下，他再仔細地向我們說：「其實很簡單。因為鳥窮則亂啄，獸窮則亂攫，馬窮則脫軼，人窮則作亂。這個故事不僅告訴我們怎樣馴馬的道理，更告訴我們，管理一個地方，乃至治理天下，不能把人逼到絕路上去，否則會造成人心思走，離心離德，甚至會引起社會動亂啊！」

　　顏回的話，引來大家更熱烈的掌聲！

　　如果說他從現象分析出東野華丟馬使大家十分敬佩的話，此刻，他總結出這些治國安邦的道理，更顯得其智慧超羣，更使大家對他心服口服了。

　　最後，老師準備向大家介紹「高效學習四步曲」中的最後一點──「明辨」了。

　　到底怎樣才能明辨呢？

　　老師接着對我說：「子貢，你幾天前向我提出了一個問題。我來不及回答你，現在你再說一遍，讓我們一起來分析吧！」

　　於是，我把前幾天問過老師的問題重新講了一遍：「從前齊國國君向您請教如何治理國家，您說在於節省財力；楚國的葉公向您詢問政治，您說在於給人恩惠，使『近者說，遠者來』；魯國國君向您詢問如何治理天下，您說在於了解大臣。同樣的問題，您卻給予不一樣的回答，這是

為什麼呢？」

聽完我的問話，老師哈哈大笑，說：「子貢啊，我每次的回答，都是很有針對性的。齊景公治國，十分奢侈，大興土木，整天歌舞不斷，所以我告訴他治國在於節省；楚國地廣，可是葉公的都城狹小，百姓不能安居樂業，所以我說要讓近處的人高興，讓遠方的人來歸附；魯哀公有三位大臣，他們結黨營私，愚弄自己的君王，所以我說治國在於讓大臣明白事理。這三種為政的方法確實不同，卻是根據他們的具體情況給予不同的答案。」

老師的話，講得很有道理，我頻頻點頭。

我不由得想起子路和冉求問「知道了做什麼就立即行動」的事情來，同樣的問題，老師也給了不同的回答。

於是，我將一個擱在心中很久很久的問題拿出來了：

老師，您為何通常都沒有一個「標準答案」呢？

老師說：

在解決問題時，哪有那麼多標準答案啊！不過是根據具體情況採取具體的方案罷了。這就好像有不同的病症要採用不同的藥方一樣，對症才能下藥啊！

我又上了很重要的一課！

1. 顏回預言及辨哭的故事，見於《孔子家語．顏回第十八》。2. 子貢誇獎顏回聞一知十的故事，見於《論語．公冶長第五》。3. 宰予白晝睡覺的故事，見於《論語．公冶長第五》。4. 曾參殺豬的故事，見於《韓非子．外儲說左上》。5. 孔子答諸侯問政的故事，見於《孔子家語．辨政第十四》、《孔子集語．論政九》、《韓非子．難三》、《說苑．政理》。

孔子智慧錦囊

　　對一個優秀的學生而言，勤學和苦學是必要的，但還要懂得巧學，即掌握正確的學習方法。

　　高效學習的關鍵，並不是死學知識，而是要學會思考，既能以具體的情況具體地分析，又能舉一反三，融會貫通。

　　與此同時，還要改變一個弱點──「有觸動，缺行動」。只有篤行，即踏踏實實地行動，所學到的東西才會真正屬於自己。

手造備忘錄

1. 我有自己的座右銘，就是：＿＿＿＿＿＿＿＿＿＿＿

   什麼時候會想起它？

   ☐ 抄寫在顯眼的位置經常見到　　☐ 每天默唸

   ☐ 遇到困難時會想起　　　　　　☐ 呀，我忘記了

2. 我的學習四步曲清單：

已做到 👍	有待提升 ☺
☐ ＿＿＿＿＿＿＿	☐ ＿＿＿＿＿＿＿
☐ ＿＿＿＿＿＿＿	☐ ＿＿＿＿＿＿＿
☐ ＿＿＿＿＿＿＿	☐ ＿＿＿＿＿＿＿
☐ ＿＿＿＿＿＿＿	☐ ＿＿＿＿＿＿＿

本堂金句

「博學之，審問之，慎思之，明辨之，篤行之。」

（《禮記‧中庸》）

子曰：「朽木不可雕也，糞土之牆不可杇也，於予與何誅。」

（《論語‧公冶長第五》）

子在川上，曰：「逝者如斯夫！不舍晝夜。」

（《論語‧子罕第九》）

子曰：「賢哉回也！一簞食，一瓢飲，在陋巷，人不堪其憂，回也不改其樂。賢哉回也！」

（《論語‧雍也第六》）

子曰：「人而無信，不知其可也。大車無輗，小車無軏，其何以行之哉？」

（《論語·為政第二》）

「自古皆有死，民無信不立。」

（《論語·顏淵第十二》）

葉公問政。子曰：「近者說，遠者來。」

（《論語·子路第十三》）

子路大變身

子路初次見到老師時，頭插公雞毛，腰掛長劍，一副武士打扮。

起初他根本不相信學習的價值，但在老師的引導下，不僅懂得了學習的重要，而且在很多方面都進步很快，甚至學會了彈琴……

粗豪的子路向老師學習彈琴。老師從他的琴聲中聽出了他的問題，並促他改進。

老師還向大家講授了一個自己年輕時候學琴的故事，讓大家看到怎樣的學習才最有效果。

如果不是親眼所見，親耳所聞，我想不單是我，還有全體同學，恐怕誰也不敢相信：剛才彈奏出如此美妙樂曲的人，不是別人，而是這個在同學之間，性格最為粗獷、最為豪爽的子路。

一點不假，就是子路。而此刻，他像個大明星似的，一副溫文爾雅

的樣子，在大家雷鳴般的掌聲中，不斷鞠躬、微笑，洋溢着壓抑不住的喜悅。

老師也在不斷含笑點頭。而在鼓掌和歡呼的同時，有的同學已經開始竊竊私語：

「子路太厲害了！他是怎麼做到的呢？」

「如果他能做得這樣好，我們也能做到啊！」

等大家平靜下來，我忍不住問：「大家覺得子路演奏得如何？」

「很好啊！」

「太不可思議了！」

⋯⋯

我再問：「想不想了解他如何能做到的呢？」

「當然！」

於是，我向大家講述了我所經歷的一段故事：

不久前的一天，我和老師在房間裏談話，談興正濃時，老師突然皺起了眉頭。

怎麼，有什麼不對嗎？

我看見老師側着耳朵細聽門外，眉頭愈皺愈緊。

門邊除了偶然飄過的風聲，還隱約聽到琴聲。

這時，老師轉過頭來，對我說：

 你出去一下，看是不是子路在彈琴？

我立即出去，回來告知老師：

的確是子路在彈琴。

他這樣彈琴不對，你去把他叫過來。

子路前段時間剛從衛國回來。他本來在蒲市擔任行政長官，後來看到老師回到了魯國，並在杏壇上課，就索性辭去蒲市的職務，回到杏壇再跟老師學習。

子路原來是比較粗豪的，但真沒想到：這個粗豪的漢子，不僅向老師學習治國安邦之道和其他學問，最近還迷戀上音樂，跟老師學彈琴學得很起勁。

我走到子路面前時，看見他整個人都沉浸在音樂中，琴聲激昂，他卻揮灑自如。

如果不是親眼所見，根本無法相信：老師竟然把這樣一個粗豪的人，鍛煉為一個如此有情趣的人。

可是，老師為什麼對他彈琴這麼不滿意呢？

我不便直接告訴子路，只把他帶到老師面前。

看得出來，子路還沉浸在琴聲中，但又有點疑惑。

老師開始問他：「你剛才彈琴時，在想什麼呢？」

子路一聽，立即變得不好意思起來，只好坦言自己這幾天正在讀兵書，滿腦子都是刀光劍影，所以剛才在彈琴的時候，不由自主的有些殺氣騰騰。

「子路啊，我知道你性格直爽，音樂可以適當地偏向豪放，但現在卻過了頭。先王創造音樂，目的是以樂調心，聲音要溫和適中，強調有德，體現的是治世安樂之音。只有小人的音樂，才會有這樣的悲涼之味和殺伐之氣。偶爾一兩次倒沒什麼，但長此以往，就不僅無益於調心養性，心中還會滋長不好的念頭啊！」

老師的話，使子路很受觸動，但也使他有些尷尬。

我突然很同情子路，就為他求情，說：

老師，子路畢竟是個粗豪的漢子，能夠這樣去學習音樂，已經夠難為他了。

老師點點頭，但還是很嚴肅地說：

你說得對，可是千萬不要小看音樂啊。我喜歡韶樂，乃至三月不知肉味。因為它是舜帝的遺音，溫潤如春，所以才能滋養萬物呀。所謂風雨動魚龍，仁義動君子，財色動小人。如果彈奏音樂時不小心，不僅無益，反倒傷己傷人啊！

老師十分重視音樂的作用，在回到魯國後，他提出了這樣一個觀點：「興於詩，立於禮，成於樂。」其含義是：修身養性起於《詩經》，立身之道在於禮，性情所成在於音樂。

老師的話給子路很大的觸動。他問老師彈琴有什麼秘訣。

老師回答說：

彈琴關鍵不在手上，而在心上。

這話立即引起子路的強烈興趣。他突然提出：

老師，我聽魯國的樂師向我介紹，老師年輕時曾向著名樂師師襄學習，收穫極大，您能將當時學習的經驗與我們分享嗎？

老師微微一笑：

當然可以，那真是一段十分難忘的經歷啊！

當時師襄教給老師一首曲子，非常好聽，但沒有透露曲子的名稱。

學了十多天，老師已經非常熟練了，但仍反復彈奏。

這讓師襄很不解，因為來學琴的人，往往是一首曲子還沒彈熟，就急着換新曲，而老師卻與眾不同。

老師解釋說，雖然這首曲子自己已經彈熟了，但還沒有真正掌握彈奏的技巧。

過了一段時間，看到老師已經掌握了彈奏的技巧，師襄又建議他學習新曲。

但老師依然不肯，說自己還沒有領會這首曲子的志趣神韻。

又過了一段時間，師襄認為老師已經領會曲子的志趣神韻了，可以換新曲了。

老師卻說自己還希望從這首曲子中體察作者的為人。

終於有一天，老師在彈到最入神的時候，眼前突然出現了一個人的形象，那人雙目炯炯，仁慈中具有威嚴，儼然是王者的相貌。老師憑直覺感到，這就是自己最尊崇的周文王！

於是，他把自己的感覺告訴師襄。師襄聽完，立即站起來讚歎道：「你說得很對，這首曲子就叫《文王操》！」

哇！老師簡直太厲害了。

「那麼，老師對此最深的體會是什麼呢？」有同學問。

老師卻不願意回答，留待我們自己分析。我說：

學習不是淺嘗輒止，更應該精益求精。

子游說：

不能只滿足於表面的、形式上的學習，更要掌握精髓。

老師笑着不斷點頭。

而這一個故事，對子路觸動最大，我發現他竟然滿頭大汗，說：

他們講得都很對。而我體會得最深的，是音樂之道直接反映了心靈修煉的功夫。單練手上的動作是不行的，還必須從內心深處下功夫，在多思多想中下功夫。

這之後，子路將自己關在屋子裏，不吃不喝，反復琢磨，一段時間後，人都瘦了一圈。等到有所領悟後，他才開始再次彈琴。

老師對子路依舊十分關心，認真聽完之後，點了點頭，稱讚道：

不錯不錯，子路真的大有進步！

終於到了這一天，老師請子路到學堂為大家演奏一曲。大家認真傾聽，沒有想到他的演奏竟達到了這樣的效果。

在我講故事的過程中，我發現大家都聽得極為入神。大家不斷誇讚子路，也讚賞老師給子路和大家樹立了好榜樣。

老師說：「學習，不是死記硬背，而是要動腦筋思考和琢磨，這樣才能進入化境，並得到真知。所以，我首先有一句話要送給大家：『學而不思則罔』──假如學習而不動腦筋思考，一定會迷惘，有許多該掌握的東西沒法掌握。」

大家紛紛點頭。

這時老師又說：「不過這句話還沒有講完呢！還有另外半句：『思而不學則殆』──思考而不學習，就很危險。我這樣說，不僅是因為看到有些年輕的學生不願意花時間學習，而且也因為有些學生，儘管跟我學習有些時日了，卻仗着自己有一點聰明才幹，不願意下功夫好好學習。這樣可不行啊！」

儘管老師沒有點名說到我，但聯繫自己的實際情況，恐怕我也算是其中一位了，心中不禁一驚。

老師接着說：「在這方面，我也要給你們介紹一個好榜樣，不是別人，就是子路。」

子路今天可說出盡風頭了，自然十分開心。

老師接着說：

 子路，你談談你與我第一次見面的情景吧！

不料，一向豪爽的子路，竟突然扭扭捏捏起來：

老師，饒了我吧，別別別……太丟臉了！

看着子路這反常的舉動，大家的好奇心一下被激起來了，紛紛開始起鬨。

「子路快講！快……講！快……講！」

老師看了，微微一笑，於是請顏路說說他們初次見子路時的情形。

顏路是顏回的父親，比老師小幾歲。他看了看子路，又看了看老師，最後把心一橫，終於開始「揭底牌」了：

子路第一次見老師時，一臉鬍子，嗓門粗大。至於打扮，就更有個性了：身佩公豬形飾物，腰掛長劍，最有意思的是，頭上居然插着長長的公雞毛，而且還染得五顏六色。簡直太酷了！

「真的嗎？真的嗎？」

「子路師兄，是這樣嗎？」

幾個小師弟笑嘻嘻地問起來。

子路一聲不吭地坐在那裏，滿臉通紅，看來是默認了。

大家興奮得一時忘了是在上課。

「哦！哦！哦！」

「噓！」

突然間，不知誰竟然吹起了口哨。

這一下大家都愣住了，頓時鴉雀無聲。

回頭一看老師，他已經板起了臉。但想必子路當時的樣子實在太怪異了，於是又忍不住笑了起來。

好不容易等大家安靜下來，老師便讓子路說說他當時的體會。

子路說：

 我第一次見老師時，還是無業遊民，恃勇好鬥。我見老師純粹出於好奇心，想看看人人都尊敬的夫子到底長什麼樣，根本就沒想過跟隨老師學習。

但他與老師的一番談話，讓他徹底改變了對學習的看法。

當時老師問他有什麼愛好，他回答說喜歡長劍。

老師說他問的不是這個，是問有沒有學識方面的愛好。

子路理直氣壯地說沒有，然後反問老師一句：

 大丈夫立於天地間，有武功就行。學其他的有必要嗎？

老師說：

質勝文則野，文勝質則史。文質彬彬，然後君子。

子路直言相告自己聽不懂。

於是老師仔細解釋：「質樸多於文采就會顯得粗野，文采多於質樸就會流於浮華。文采與質樸搭配適中，才能成為君子。」

這下子路明白了，但又提出：

您的父親就是一員武將，至今還有人稱讚他，像他那樣不也很好嗎？

老師說：

先父雖然重視武功，但也很重視做人的道理，沒有單純強調武力的作用。因為以武力服人，很難使人心悅誠服。

子路聽了沉默了半晌，接着甕聲甕氣地問：

學習到底有什麼用？

老師思考了一下，回答說：

駿馬如果沒有韁繩，就沒法控制；加工木料不用繩墨，就難以確定曲直；人有了學問，才能心明眼亮，事事通達。

老師的話對子路有所觸動，但他還是有點不服氣，提出世上好多東西是天然長成的。比如說南山上的竹子，並沒有人修整它，照樣長得很直。將它做成利箭，連犀牛皮都能穿透。這不就是天生的嗎？與學習有什麼關係呢？

老師因勢利導：「你說得沒錯。但如果把這些竹箭裝上鋒利的銅箭頭，再用它去射犀牛的皮，不是力度更大、穿透力更強嗎？有了天賦再努力學習，就會有更大的收穫，這與竹箭裝銅箭頭是同樣的道理啊！」

這番話讓子路徹底折服了，於是下決心跟隨老師學習。

自從跟隨老師後，子路師兄的武功並沒有退步，反而因為老師射箭的技藝十分高超，自己也成了射箭高手。

不僅如此，他的言談舉止、處理問題的能力都大有進步，這些在他治理蒲市時都一一得到驗證。而且，很難想像這樣粗豪的人，竟然還學

會了彈琴。

子路的變化，讓大家切切實實地感受到老師所說的「學習乃進步之母」的深刻含義。其實何止子路，每一個來杏壇學習的人，又何嘗沒有因為學習而發生變化？只是反差沒有子路那麼大，或者沒有總結而不自知罷了。

這時，又有個同學提出：「老師，是不是任何人都要學習呢？也許有的人，比如仁義的人、聰明的人，或許就可以免除學習吧？而有的人有其他的門路去謀生，是不是也不需要學習呢？」

老師點點頭，說：「你有這樣的心理，可以理解，因為我曾經也有這樣的心理，曾經整天不吃飯，徹夜不睡覺，左思右想，結果如何呢？收穫極小，甚至什麼收穫也沒有。但當我一開始學習，我發現許多難題並不需要那樣費力，很快就得到我要的答案了。這說明學習是能借鑒他人的經驗教訓，能減少你盲目摸索的過程啊！」

老師還強調說：

學習的方式可能不一樣，但不管從事什麼工作，都需要學習，否則，不同的人就會犯下不同的錯誤。

喜好仁德卻不愛學問，它的弊端就是愚昧。

喜好聰明卻不愛學問，它的弊端就是放蕩。

喜好誠信而不愛學問，它的弊端就是被人利用而害了自己。

喜好直率而不愛學問，它的弊端就是急切。

喜好勇敢而不愛學問，它的弊端就是闖禍作亂。

喜好剛強而不愛學問，它的弊端就是輕狂。

最後，老師以一句話結束了這一堂課：「好學近乎知，力行近乎仁，知恥近乎勇！」

這堂課實在讓我們太難忘了。尤其是「學而不思則罔，思而不學則殆」這句話，說透了學習與思考之間的關係，不僅使很多同學尤其是貧寒的同學愈加發奮學習，而且也令大家的學習效率和效果不斷提高。

1. 子路初見孔子的故事，見於《說苑・建本》。2. 孔子向師襄學琴的故事，見於《史記・孔子世家》。

孔子智慧錦囊

　　有兩個木工學徒，跟同樣一個師傅學習，兩人基礎差不多，但是半年後，一個已非常出色了，成為師傅很願意帶領的人。另一個卻連能不能待下去都成了問題。

　　怎麼會出現這種情況呢？從一個細節就可得出結論：師傅要他們去拿釘子。一個只是把釘子拿來，另一個卻總會想一想：師傅拿釘子到底是為什麼？到底會如何使用？這一來，多動腦筋的學徒自然就進步快了。

　　這就是是否願意思考所帶來的不同效果！

　　不重視思考的人，不妨學習比爾·蓋茨的名言：「人與人之間最大的區別，是脖子以上的區別——大腦決定一切！」

　　不重視學習的人，則請記住一位校長對學生的畢業贈言：

　　「學習是不能告別的，你們可以告別學過的知識，但不能告別學習的習慣；努力奮鬥是不能告別的，否則，你一生大概都會不斷地告別機會。」

114

手造備忘錄

1. 有人認為學習好中、英、數等核心科目即可，音樂科與體育科可有可無，我覺得孔子聽到後會有這樣的表情和回應：

（畫一畫孔子的表情吧！）

2. 如果我身邊有同學常以死背教科書及標準答案的方法應付考試，我會對他／她說：

_____

子曰：「興於詩，立於禮。成於樂。」

（《論語・泰伯第八》）

子曰：「學而不思則罔，思而不學則殆。」

（《論語・為政第二》）

子曰：「質勝文則野，文勝質則史。文質彬彬，然後君子。」

（《論語・雍也第六》）

子曰：「好學近乎知，力行近乎仁，知恥近乎勇。」

（《禮記・中庸》）

116

不可思議的路人甲

第三堂

老師帶我們上山遊玩。

我們從捕蟬老伯那裏學到專心就能成功的智慧，從捕鳥老伯那裏學到避禍的智慧……

「老師快走吧，前面好看的地方多着呢！」

看見老師那津津有味、依依不捨的樣子，我很擔心不能按日程計劃遊覽所有地方，就催老師快走。

不料，老師一點也不急，而是更加認真地觀賞着。

他那麼投入地看着，到底在看什麼呢？

說來令人難以置信，在我們的印象中，一直是研究大學問的老師，此刻着迷的，竟是在看一個老伯捕蟬。

當然，這個老伯捕蟬的確有一套。我們看見他拿一根竹竿朝樹上的一隻隻蟬點去。竹竿所到之處，必不落空，總有一隻蟬被黏住，隨即落入他的小布袋中。

我很佩服老伯的本領，但這畢竟是生活小技巧，有什麼值得我們花那麼多時間和心思在他身上呢？

我正想再次催老師快走，不料他不僅不走，反倒走上前去和老伯打招呼，並由衷地讚歎道：

老伯，您捕蟬的技巧真是太高超了！我真是十分佩服啊！

老伯抬起頭來，看到老師那張慈祥而親切的臉，也趕緊回應：「哪裏哪裏，您過獎了！」

老師走得更近，客氣地請教：

老伯，請問這其中有什麼秘訣嗎？

見老師這樣客氣，老伯也客氣地回答：「沒什麼秘訣啊，不過是熟練和專注而已吧！」

「那具體是怎麼回事呢？」

於是老伯一一介紹：自己剛開始捕蟬時，根本黏不住，於是決定改變方法，從練習入手。他花了五六個月時間，練習將一個彈丸放在竿頭上不讓它掉下來。當一個彈丸放穩後，又加了一個。等到兩個彈丸都不掉下來，他黏蟬失手的機率就大大降低了。就這樣一個個增加，等到疊

放五個彈丸在竹竿上，五個都不掉下來的時候，他黏蟬就像彎腰撿東西一樣容易了。

最後，他這樣總結：「雖然天地如此之大，萬物如此之多，但我只注意蟬的翅膀。當我心神安定專一，不被萬物所擾的時候，怎麼會捉不到呢？」

聽完老人的話，我心裏突然有所觸動。老師若有所思，回過頭來對我們說：「你們說一說，這位老先生的做法，對我們有什麼啟示？」

我還來不及說，老師就自言自語了：

 用心專一，能通於神。這也是我們學習和做任何事情成功的關鍵啊！

之後，我們與老伯告別，往前走去。老師問我：

 子貢啊，你總催我快走。你難道不覺得，如果錯過了剛才向老伯問話的機會，我們豈不是丟失了一個學習的好機會嗎？

剛才那一幕，的確給我很大的啟示。我常覺得要學習，就得向老師這樣的大師學習，普通人不可能給我指引。誰能想到，恰恰是剛才這樣一個不起眼的老伯，竟然也能帶來啟示！

告別了捕蟬老伯，我們繼續往前走，不久又看見一個老伯在用羅網捕捉麻雀。

這一次，不必讓老師提醒了，我也認真地觀察這個老伯如何捕雀。

看得出來，他也是一個較會捕捉麻雀的人，但很奇怪，他捕的大多是黃口小雀，幾乎沒有大雀。

於是我上前問他，為什麼會這樣。

老伯說：「大雀很警惕，很難捉到，而小雀貪吃，所以容易捕捉。小雀如果跟隨在大雀後面就捉不到；而大雀隨從小雀就能捉到。」

老師聽了，又回頭對我們說：

這是不是又給了我們兩重啟示呢？第一，永遠不要貪婪，貪婪必有禍害；第二，君子跟從什麼人，需要謹慎，若跟隨的人不正當，就會遭到羅網似的憂患啊！

隨機說法，這正是老師教育的又一特別之處。而我這次感受最深的，還不只是這兩件事情告訴我的具體哲理，還有一個更重要的體驗。

老師問我是什麼體驗。

我說：「那就是您經常說的：『三人行，必有我師焉』！」

孔子觀察捕蟬者及捕鳥者的故事，見於《莊子・外篇・達生第十九》、《孔子家語・六本第十五》。

孔子智慧錦囊

　　對一顆善於學習的心靈而言，不一定有固定的老師，也不一定要有固定的學習場所。所以說：「三人行，必有我師焉。」

　　我們可以向老師學習，也可以向各式各樣的人學習。

　　我們可以向書本學習，更可以向生活本身學習。

　　只要你放下身段，就會發現到處都是讓你學習的對象；只要你願意張開心眼，就會發現哪裏都是學習的良機。

手造備忘錄

1. 在每天上學和放學途中，我都會遇到一個人：＿＿＿＿＿＿
　 我覺得他／她的＿＿＿＿＿＿＿＿非常值得我學習。

2. 我常常分心嗎？ □當然沒有 □一點點
　 這些事可能令我學習分心：＿＿＿＿＿＿＿＿＿＿＿
　 我有防止自己分心的獨門秘方：＿＿＿＿＿＿＿＿＿＿

子曰：「三人行，必有我師焉。擇其善者而從之，其不善者而改之。」

（《論語·述而第七》）

輕鬆救國法

魯國面臨被齊國侵略的危機。

我一出馬，不僅化解了魯國的危機，還徹底改變了五個國家的命運。

我成了所有人關注的焦點！

不僅魯國君臣對我分外尊敬，就連在其他國家，許多人都知道了我子貢響噹噹的名字。

同學看我的眼光也變得不一樣，我看得出來，有的同學看我時，眼中充滿了崇拜之情。

我到底做了什麼事呢？

當初，為了挽救魯國，老師命令我出馬，結果我憑藉對時勢和人物心理的判斷，以及非凡的口才，不僅幫助魯國跨過了危機，還改變了其他國家的命運。

這是我最風光的一天，老師要我向大家介紹事情的始末。

前一段時期，老師突然得到消息，齊國大將軍田常準備作亂專權。為了顯示自己的實力和樹立威信，想借故發兵攻打魯國。

這使老師憂心忡忡，儘管自己不被祖國接納，但他也不忍眼睜睜看着故土遭難。他希望弟子中有人能出面，幫助魯國解除這場危機。

子路要去，老師搖搖頭，否定了。

還有其他同學自發要去，也被老師否定了。

最後，老師看了看我，將化解這場危機的重任交給我。

於是我立即整理行裝，向齊國出發。

儘管我在同學中是公認的口才最強的人之一，但我知道這次如要成功，不僅要靠口才，更要對情勢和每個人的心理有果斷的評判，才能完成這項艱難的任務。

等我匆匆趕到齊國，田常已經整軍待發了。一見到我，田常就很傲慢地說：「如果你是來勸我不要攻打魯國的，那麼就請回吧！」

好厲害的角色！我的目的，他一眼就看穿了。

我也不是省油的燈，當即頂了回去：「開什麼玩笑，我們老師都被魯君趕走了，至今仍不能回去。魯國的生死，關我們什麼事？」

我的話讓他不禁一愣，於是我順勢說：

我這次來，不是為別人，正是為大將軍您。

這可是遊說他人最重要的一點：我所說所做的，都是為您着想，都符合您的利益。因為人對於和自己利益相關的事，總是最關心的。

果然，此話一出立即起了作用，田常馬上被吸引：「您為什麼這麼說呢？」

瞧，稱呼都從「你」改為「您」了！

「您先說說為什麼要攻打魯國？」

「魯國對齊國不敬，所以我要替國君討伐魯國。」

接着，田常講了幾件所謂魯國對齊國不敬的事情。

聽完之後，我哈哈大笑，直到眼淚都笑出來了。

這就叫表演，目的是為下面的「交心」做鋪墊。

果然，我愈笑，田常心裏就愈發毛，終於他忍不住問：「先生何故發笑？」

「我看將軍的災禍就在眼前，所以不遠千里前來幫您，沒想到您卻不說實話。為這點小事，哪值得發動兩國的戰爭？既是如此，我還是走吧。」說完，就假意要走。

這叫欲擒故縱。我知道，只要我一抬腳，魚就要上鉤了。

果然，田常馬上攔住我，再三道歉，並斥退了左右，希望我能給他「指點迷津」。

於是我一針見血地指出了他的心病：「據我所知，將軍是有遠大志向的人，可惜將軍在齊國的地位並不牢固，甚至岌岌可危。您三次被封，但三次都沒有成功，原因就在於大臣反對您。所以您要借攻打魯國之機，樹立自己的威信。可惜啊可惜，這樣做不僅達不到您的目的，反而會損害您的利益啊！」

這一番話吊足了他的胃口，眼看着他正要一步步往我設計好的布袋中鑽。

「齊國和魯國在歷史上是兄弟之邦。兄弟之邦沒有充足理由開戰，這在道義上首先就站不住腳。其次，這場戰爭無論輸贏，對您都沒有好處。齊強魯弱，打贏了也不算本事，國君和大臣照樣不把您當回事，那等於白費力氣。打輸了就更不用說，所有責任都在您身上。到那時，您在齊國可就真沒立足之地了。」

話不在多，關鍵在於能不能說到別人心坎上。田常一聽，連忙問：「那如何是好？軍隊馬上就要出發了，不宜臨時取消吧？」

我倒有一個建議，您不如去攻打吳國。

我接着說：「現在各國爭霸，吳國正成崛起之勢，已經形成了對齊國的威脅。攻打吳國可謂名正言順，獲得支持也容易。而對您個人而言，好處更是不言而喻。」

這番話頗費了一番心思，前面是幫他編造說法，讓他對國君和大臣能夠有所交代。而後面的話，一看就明白，仍是扣緊個人利益。

看着田常若有所思的表情，我接着說：「打贏了，那可不是一般的功績，等於樹立了絕對的威信，誰敢再輕視您？退一萬步，即使有點閃失，吳國畢竟隔得比較遠，軍隊又在您手中，到時您見機行事，同樣可以進退自如。」

儘管這番話明顯有誇大之嫌，但仍舊讓田常眉開眼笑，不過他還是有些猶豫：「話雖如此，但吳國畢竟和齊國沒有什麼正面衝突，以潛在的威脅作為理由向吳國開戰，似乎總有些不妥。」

「這好辦，您先按兵不動。我去勸說吳王對齊國發兵，這樣一來，您不就理直氣壯了嗎？」

田常一聽有理，便立即答應了，還挑了兩匹快馬給我。

於是我晝夜兼程到了吳國，見到了吳王夫差。

在這之前，我已好好研究了一番吳國的情形。

吳越兩國多年交戰，有一段時期，越國打敗了吳國。等到吳王夫差執政，又一舉打敗了越國，還虜走了越國國君勾踐，讓勾踐替自己當了多年的奴僕。

此時的夫差，可謂雄心勃勃，不可一世，日思夜想的就是稱霸，我當然要圍繞這一點做足文章。

我對夫差說：「齊國即將討伐魯國，齊強魯弱，打起仗來，齊國必勝無疑。而魯國緊臨吳國，齊國滅魯之後，必定要與吳國爭霸，我是分外為大王擔憂啊！」

「那依您之見，該如何是好呢？」

「很簡單，仗義救魯。這樣不僅能獲得仁義的好名聲，還能在萌芽狀態將對手消滅，這是大王稱霸天下的良機啊！」

「您分析得沒錯。只是吳越兩國宿仇未解，我將勾踐俘虜後，他裝得卑躬屈膝，最終騙得我的信任回了國。但他回去之後，臥薪嘗膽，養士教民，我看他報仇之心不死，這是我最大的憂患。待我先滅了越國，再移師伐齊救魯吧！」

「大王您錯了。越國又小又偏僻，根本不足為患。齊國則不一樣，正處於蓬勃發展時期。等您討伐完越國再去攻打齊國，齊國恐怕早已稱霸中原了。那時候，您要伐齊就相當困難了。況且，如果大王現在打敗

了齊國，還可以趁機向和吳國有仇的晉國進攻。這樣一來，大王成就霸業，簡直易如反掌。」

看得出吳王已經動心了，但他還沒有下定決心。我當然明白他在顧慮什麼，於是說：

大王如果擔心越國趁機報仇，我現在就去見越王，讓他出兵隨您一起討伐齊國。

這番話既激起了吳王稱霸的野心，又解除了他的顧慮，他自然是一萬個樂意。

之後，我直奔越國。在我意料之中，越王勾踐親自來迎接我。

一番寒暄之後，我便直奔主題，告訴他吳王已經開始懷疑他，並有可能討伐越國。

勾踐一聽，當場流淚，說：「當年我甘願受吳王役使，為的就是報仇雪恨。但我知道以今天的實力，根本不是吳國的對手。如果現在吳國來討伐，越國必亡啊！」

我趁機說：「大王倒是不必過於憂慮。如今吳王殘暴不仁，百姓怨聲載道，大臣也想發動政變。這正是越國復仇的大好時機。大王如能暫且屈尊聽命於吳王，出兵隨他討伐齊國，激發他攻打齊國的鬥志，就能夠獲得千載難逢的機會。」

一聽這話，勾踐的眼睛立刻亮了。

「如果吳國戰敗了，那便是越國的福氣。如果勝了，就會助長吳王更

大的野心，這樣一來，他勢必移師伐晉。而我會立即去見晉君，請他派出最精銳的部隊迎敵。吳國先與齊國交戰，肯定有不少傷亡，到時晉國再以重兵迎擊，那麼吳國的軍事實力必然大大削弱，到時大王復仇就輕而易舉。」

勾踐一聽，連連作揖拜謝。

於是我又馬不停蹄地回到吳國，告訴吳王，勾踐已答應派兵前來，聽從調遣。

沒過幾天，越王就派大夫文種率領三千精兵來吳，跟隨吳王出師攻打齊國。一見越國的精銳部隊已在自己手上，吳王自然沒有任何顧慮，隨即出兵攻打齊國。

之後，我又趕忙到達晉國，向晉君透露吳國伐齊之後，有可能接着攻打晉國。晉君立即厲兵秣馬，嚴陣以待，準備隨時抵禦吳國的進攻。

之後事態的發展，簡直和我設計的一模一樣：吳國和齊國一交戰，齊國就大敗。打敗齊國之後，吳王稱霸的野心愈加高漲，鬥志昂揚，繼而開始攻打晉國，卻受到早有準備的晉軍狠狠的反擊，最終慘敗而歸。而越王勾踐趁機起兵，一舉將吳國打敗，吳王夫差也被殺死。

這樣一來，五國的命運就被我徹底改變了，這就是後來歷史學家所言：「故子貢一出，存魯、亂齊、破吳、強晉而霸越，五國各有變。」我也因此聲名大振。

當我將這些經歷與同學分享，大家都嘖嘖稱奇。

老師要大家發表對這件事情的看法，大家卻沒有提出更多分析，只是一味說：「子貢太聰明了，太厲害了……」

老師要我講對於這件事的體會。我明確地表示，這都是結合以往所

學的事理，是學以致用的結果：如何洞察人性，如何評判形勢，還有當初看到老師在「夾谷之會」中如何巧妙地應對齊國的算計等等。

最後，我們希望老師對此加以總結。

老師這樣評價說：

> 我的初衷是保存魯國，這一目的雖然達到了，但你也因此將五個國家的命運改變了。有些結果，並不是我願意看到的。做過分了，也太危險了，以後千萬要注意。

老師講得有道理，我表示以後一定要引以為戒。

但老師又說：

> 我們該如何去讀書呢？假如他能滿口詩文，交給他治理政事，卻不能勝任；命他出使外國，又不能獨立應酬。書讀得再多，又有什麼用呢？

老師雖然沒有直接表揚我，但是我知道，老師表揚了我對學以致用的追求。

子貢改變五國命運的故事，見於《史記·仲尼弟子列傳》。

孔子智慧錦囊

有這樣一則「船夫與哲學家」的寓言：

一個船夫在湍急的河中駕駛小船，船上坐着一個哲學家。

哲學家問船夫：「你懂數學嗎？」船夫說：「不懂。」「你的生命價值失去了三分之一。」哲學家問：「那你懂哲學嗎？」「更不懂。」「那你的生命價值失去了二分之一。」

正當哲學家與船夫繼續交談時，一個巨浪把船打翻了，哲學家掉到河裏去。這時，船夫問：「你會游泳嗎？」哲學家喊：「不會，不會。」船夫說：「那你的生命價值就失去了全部。」

這則寓言，是諷刺一些讀書人只知讀書不懂實踐的缺點。雖然是以較極端的方式來表達，但也能告訴我們：學習書本知識重要，但實踐也很重要，有時甚至更重要。

真正優秀的學習者，不是要把自己的大腦變為儲存知識的圖書館，而是要同時掌握實踐的本領。不僅會讀書，更懂得學以致用，而且會辦事。

手造備忘錄

1. 我的朋友 A _____ 曾與朋友 B _____
   因 _____的事發生爭執。回到爭執現場，
   我可以這樣做：

   _____

2. 參與過社區服務嗎？

   ☐經常　　☐偶爾　　☐未有機會參與

   我認為服務實踐所得與課堂所學的知識有如下不同：

   ① _____

   ② _____

   ③ _____

子曰：「誦詩三百，授之以政，不達；使於四方，不能專對；雖多，亦奚以為？」

（《論語・子路第十三》）

神器的啟示

老師帶我們到魯廟中看欹器。

那真是一個十分神奇的器皿,教了我們一個很深刻的人生哲理。

我們跟着老師穿過大街小巷,最後到了一個大廟前,抬頭一看,這不是魯桓公的廟嗎?

這一天,我出席了魯君的宴會,回到杏壇後,發現宰予也回來了。他雖然曾經被老師斥責為「朽木不可雕也」,其實口才與我不相上下,也有辦事能力,他現在效力於齊國將軍田常,還備受重用。

他正笑吟吟地與我們分享自己目前受歡迎的喜悅。這時,老師進來了,一見到我們,就笑着點頭。之後,他並沒有走進我們平時上課的地方,而是集合所有同學一起到另一地方上課。

大家很快便一起出來了。除了同學,還有一個活躍的孩子與我們同行,一路蹦蹦跳跳。那不是別人,是老師的孫兒子思。

守廟的官員認出了老師，馬上畢恭畢敬地在前面引路。

我們到了大殿，老師用手指着一個器物說：「你們看那是什麼？」

這是一尊我們從沒見過的青銅器，器具的上口呈長方形，底部呈圓形，兩頭的中部各有一根銅棍作為轉軸，將器具吊在一個木架子上，整個器具是傾斜着的。

料我們猜不出來，老師便請守廟的官員提一桶水過來。

水提來了，老師讓我們將水倒進去，看看會有什麼反應。小子思就搶着跑上去提起水桶，他一個人當然提不起，子路便幫他。他和子思將水桶抬起，開始往裏面倒。

「嘩！」水倒進去，器具晃悠了幾下，然後立住了。

老師要他們慢慢倒，然後讓我們仔細觀察。

隨着水愈倒愈多，器具漸漸平穩起來，從傾斜狀變為水平狀。

但奇怪的是，再往裏面倒水時，這個器具又開始不穩定了。

子思問：「還倒嗎？」

「倒。」

他們再將水倒下去時，只聽「哐」的一聲，器具翻了，水灑了一地。

這到底是什麼器具啊？看着大家疑惑的眼神，老師便請守廟的官員為我們介紹器具的來歷。

「這叫作宥坐，又稱欹器。當它空着的時候，就是歪斜狀；當它盛水適量時，就很穩當；當它盛滿水以後，就要傾覆了。」

「那它是用來做什麼的呢？」

「這是先君的祭器。它不是為實用，而是要給人一個重要的告誡⋯⋯」

這時，老師客氣地打斷了他的話：「好的，謝謝您。您忙您別的事情去吧！」

這位官員走後，老師就對大家說：「我之所以帶大家到這裏來，是因為不少同學這些年來的學習，不僅成績很好，而且在各方面也開始取得成就了，但同時問題也開始暴露了。為了讓大家保持進步，以後少碰釘子，所以有必要給大家上一堂新課。剛才大家看到的一幕，我想你們應該知道這堂課的內容了。看了這個敧器，哪位同學能分享一下學到了什麼？」

說實話，剛才這一幕的確給了我很強烈的感受：不能滿！一滿就會倒啊！我感到自己最近因為取得一點成就就飄飄然的做法，的確有些過分了。於是，我誠懇地剖析了自己的心理。

老師點頭，說：「你能這樣去檢討，應該是充分認識到自滿的缺點。如果能改，應該更有出息。」

之後，老師又問宰予：

我知道你現在在齊國有一個好官位了，應該祝賀你。可是我也想問問你，你有沒有什麼需要改進的呢？

宰予顯得茫然不知所措。

看宰予那樣子，我想八九不離十與他的口才有關了。坦率地說，他的口才的確非常厲害，不少時候我與他辯論，根本辯不過他。不僅如

此，有幾次他還與老師頂嘴，明明沒理，卻要找出一些似是而非的理由來。為此，也幾次捱了老師的批評。

見老師不放過自己，宰予便說：

老師，恐怕您還是說我以前喜歡與您唱反調吧。現在我明白以前的幼稚，請您放心吧！

老師卻沒有「放心」，而是直接問：

請問，前段時間是不是有這麼一回事，魯君向你問過與祭祀有關的問題，問歷朝以什麼樹作為神主的木料？

「有啊。」

「那你怎麼回答的？」

宰予回答說：「夏代用松樹，殷代用柏樹，周代用⋯⋯」講到這裏他有點猶豫了。

「說下去吧！」

「周代用栗樹。」

「那麼，當魯君問，為什麼用栗樹時，你是怎樣說的呢？」

宰予有點講不下去，但他知道瞞不過了，就說：「用栗樹的意思是，

使老百姓畏懼、戰慄。」

老師說：「好，你說了真話，尚算坦率。但我要問你，這最後一個答案，你是怎麼得來的？我沒有講過，是誰告訴你的，或者，你是從哪裏學到的呢？」

宰予許久不作聲。過了一會兒才承認：

他問到那問題，我又沒學過，可我又不能顯得自己無能，我無能不是顯得老師無能嗎？於是我就這樣隨口一說。

之後他又說：

哪個當官的不想樹立自己的權威？讓老百姓畏懼，也是重要的手段嘛！這樣講也沒有什麼錯啊！

你隨口一說，可是你知道這樣講的惡果嗎？

老師的聲音立即變得憤怒了：「我們天天講的是仁義，仁義就是讓老

百姓戰慄嗎？殷朝的紂王，酒池肉林，對忠臣都能剖腹挖心，就是最能讓老百姓畏懼的。那周文王、周武王為什麼要推翻他呢？」

這時大家也都知道是宰予的不對了，他好像也有所覺悟，臉漲得像豬肝一樣紅。

老師放緩了語調，說：

我知道你有口才，有時你口若懸河，這是有能力的表現，可是，我希望你不要自滿，更不要仗着自己口才好就信口開河。這樣不僅不能成就事業，反倒有可能害人害己啊！

老師雖然沒有批評我，但是剛才看猷器和他批評宰予的話，對我也有深深的觸動：一出馬就改變五國命運的經歷，讓我的聲譽達到了以前不敢想像的程度。不僅魯國的國君重視我，也常有其他國的人來拜訪。我不僅得到許多賞賜與禮物，還得到諸如「當今最偉大的外交家」等讚譽，我愈來愈飄飄然，甚至有點目中無人了。

我不僅覺得自滿有問題，其實前一段時間的思想與處事方式，也有問題。我之所以能改變五國的命運，可說是利用了人性的陰暗面。儘管老師上次就已經指出，但我對此不以為然。現在看來，這種做法如果不懂得以仁義來約束，小則給自己惹來災禍，大則給社會造成災難。

我非常誠懇地向老師和大家檢討了。老師不斷點頭認可。同學在向我表示讚賞的同時，也紛紛表示：以後一定不能有任何自滿，發現自己

的品德行為有不好的地方，一律改正清除。

但老師卻一笑，問道：「壞的東西當然要清除。那麼，好的事情呢？子貢，你說說看。」之後，他兩眼含笑地看着我。

我突然想起當初自己救人不領賞金的事，不正是做好事嗎？我雖然想做一個最無私的好人，卻使國家政策難以貫徹，從而意識到自己只顧重視初衷不重視效果行不通。那麼現在又有什麼新的感悟呢？

我把我的想法向老師提出來，同時坦承自己得不出結論。

老師便引導我：「還記得前些天你問我子張和子夏的事嗎？」

我想起來了。我問老師：

子張與子夏誰更賢能？

老師回答說：

子張超過了，子夏不及。

於是我又問：

那是不是子張更好？

老師的回答是：

過猶不及。

老師從我的眼神中看出我明白了，笑着點了點頭，說：

對，就是這個意思！即使對好的東西，也不要太過，過猶不及啊！

之後，老師便告訴大家：「今天之所以帶大家來上這堂課，除了想大家學會不自滿，就是要給大家講述『中庸之道』，其根本就是『過猶不及』！而眼前的這個『欹器』，正生動地道出了中庸之道的特點——不裝東西，浪費了它；但裝得太滿，就必然會翻倒。世間哪有滿而不覆的東西呢！」

老師接着解釋：「中，就是中正之道，不偏不倚。庸，就是常的意思。所謂中庸之道，就是要以不偏不倚的方式去處理各種問題，尤其要重視過猶不及，即注意分寸。我們講仁義道德，這個『義』，除了道義、正義之外，還有一個含義，就是『適宜』——恰到好處。」

「那我們該怎麼做呢？」我們問。

老師總結說：

聰明睿智的人，要守之以愚；

多聞博辯的人，要守之以陋；

武力毅勇的人，要守之以畏；

富貴廣大的人，要守之以儉；

德施天下的人，要守之以讓。

　　老師接着說：「這五個方面，既是古代賢君守天下而不失天下的原因，也是我們普通人能生存在這世界上而且有價值的原因，違反這五方面的人，沒有不危險的啊！」

　　老師的這番話以及今天這堂課，讓我們茅塞頓開。但這次魯廟的經歷，收穫最大的並不是我們，而是老師的孫兒子思。他後來寫下專著《中庸》，成為儒家著名的經典著作之一，對後代有很深的影響，這是後話了。

　　這堂課對我的幫助很大，但遺憾的是，宰予卻好像沒有聽進去。他後來擔任齊國的大夫，大將軍田常作亂，他竟然一起參與，最後被砍頭滅族，這讓我們感到十分惋惜。

1. 孔子帶弟子觀欹器的故事，見於《孔子家語‧三恕第九》。2. 孔子評價子張和子夏誰更賢能（過猶不及）的故事，見於《論語‧先進第十一》。

孔子智慧錦囊

往欹器中倒水，如果太滿了，欹器就必然傾覆。這進一步教育我們應永遠保持謙虛的美德，同時也告訴我們「過猶不及」的道理：

再好的事情，如果做過頭，就可能演變為錯誤。

再正確的觀點，如果強調過頭，就可能演變為謬誤。

再優秀的品德和個性，如果推崇過頭，也可能走到優秀的反面。

手造備忘錄

1. 曾為功課過分操練而導致睡眠不足嗎？

    ☐ 日日如此　　☐ 考試前才會　　☐ 不，我休息充足

    我的學業壓力指數：[＿＿＿＿＿＿＿＿＿＿＿＿＿＿＿]
    　　　　　　　　0%　　　　　　　　100%

    我的睡眠指數：[＿＿＿＿＿＿＿＿＿＿＿＿＿＿＿]
    　　　　　　　0%　　　　　　　　100%

    我期望＿＿＿＿＿＿＿＿＿＿＿＿＿＿＿＿＿，這樣才可以
    有效平衡作息，符合中庸之道。

2. 我是一個「識少少扮代表」的人？

    ☐ 當然不是　　☐ 有時會

    給自己的改善建議：

    ＿＿＿＿＿＿＿＿＿＿＿＿＿＿＿＿＿＿＿＿＿

本堂金句

哀公問社於宰我。宰我對曰：「夏
后氏以松，殷人以柏，周人以栗，
曰使民戰栗。」子聞之曰：「成事
不說，遂事不諫，既往不咎。」
　　　　　　（《論語·八佾第三》）

第六堂　在水中找答案

老師逢水必觀，教曉我們「外圓內方」的智慧。

走出魯廟，我沉浸在剛才的觸動與感想中。

突然，我聽到老師問：

> 子貢，你知道你是什麼樣的人嗎？

我一愣，不知道怎麼回答。

老師卻說了：

> 你呀，你是一個器。

器？什麼器？我很迷糊。

璉瑚，就是宗廟裏盛黍稷的璉瑚啊，很重要的。

我一聽，十分高興，原來在老師心目中，我是一種很名貴的玉器啊！

但沒想到，正當我喜滋滋時，老師卻說：

君子不器！

這好像突然被閃電擊中，也好像突然被澆了一盆涼水，我當即就傻了。老師是怎麼回事啊？剛才在誇我，而此刻，竟然又把我否定了！

我想：我那一瞬間的表情，肯定是尷尬而複雜的。而這種表情，可能早在老師的意料之中，因為我看見老師滿臉笑容地望着我，之後，便聽到他說：

沒想到吧？一面在誇你，一面又在否定你。想知道這是為什麼嗎？

我點了點頭。

老師誠懇地說：

> 我說你是璉瑚這樣的「器」，的確是稱讚和肯定你。而我又說「君子不器」，則是要你用更高的標準來要求自己。

一聽到這話，我心中便釋然了，也不由自主地微笑起來。

接着，老師又看了看其他幾位同學，說：「我之所以給大家提出『君子不器』這個觀點，還有一個十分重要的原因。那就是中庸之道，應該與另一個理論——『君子不器』結合起來，才能運用得好。」

那麼，「君子不器」是什麼意思呢？

「所謂不器，就是不管是認識事物還是處理問題，都不要以某種固定的模式和框框來限制自己。應該讓自己更全面，更能根據具體情況隨機應變，否則，就會自己把自己綁住。」

但是，這「君子不器」是一種很高的境界，說來容易做來難啊！

當我把自己的顧慮告訴老師時，老師微微一笑，說：「不難，只要把握四點就夠了。」

「哪四點呢？」

老師立即詳細解釋：「第一，毋意：不主觀臆測；第二，毋必：不絕對化；第三，毋固：不要固執、固化；第四，毋我：不要自以為是。」

這一堂課真是令我收穫良多。結合多年的實際情況，我們與老師從不同方面討論。

我向老師提出了一個盤旋在心中很多年的疑團：

當初，公子糾與公子小白爭奪齊國的王位。管仲本來是為公子糾效勞，後來公子小白殺死公子糾，成為齊桓公。管仲不能為公子糾殉死，反倒擔任了齊桓公的宰相。

我問老師：

管仲固然能幹，但是，能夠說他是仁者嗎？

沒有料到老師脫口而出：

當然是仁者。管仲做齊桓公的宰相，稱霸諸侯，一匡天下，人民現在還都享受到他的恩惠。沒有管仲，恐怕我們還要受愚昧人的侵擾。子貢啊，我們講仁義，豈能拘泥於匹夫匹婦的小節小信呢？

原來，老師對「仁」的認知，在於是否讓人民享受到自己的恩惠。這與我們那種僵化死板的認知大不一樣啊！

老師的話瞬間解開了我心中的疑惑，這就是「毋必：不絕對化」！

在談論到「毋固：不要固執、固化」時，我忍不住「撲哧」一聲笑

了起來。大家問我為什麼發笑，我便與大家分享一個跟隨老師周遊列國時的故事。

有一天，我們經過蒲地去衛國，正碰上公叔氏憑藉蒲地反叛衛國，蒲人於是阻止我們到衛國去。

當時，我們武功了得的公良儒同學帶着大家拿起武器，準備跟他們硬拚。硬拚的結果，可能是兩敗俱傷。這時蒲人說：只要你們改變主意，不去衛國，就放你們走。

老師當即同意了，為此蒲人還和老師訂了盟誓，我們才得以脫身。

但出了蒲地，老師就立即帶我們去衛國。

我當時很不解，問老師：我們不是訂了盟誓嗎，怎麼可以違背呢？

老師卻說盟誓是他們用強權和不義之舉逼迫我們簽訂的，我們為什麼要受他們的要挾？

我把這個故事講出來之後，引得大家哈哈大笑。想必這個故事也把老師帶回了那段難忘的歲月吧，想到自己曾經這樣「耍」了蒲人一把，老師也忍不住笑了。

我坦承自己當時不認同老師的做法，因為這顯得太圓滑。

「那你現在還這麼認為嗎？」老師問。

我說：

我現在認為老師是圓通。有智慧的人，處事就會圓通，圓通不是圓滑。

圓通不是圓滑……圓通不是圓滑……總結得很好。

老師不斷重複我的話，並且給予肯定。

可我還是不明白：圓通和圓滑有什麼區別？

小子思一臉迷惑地問。

一旁的子張說：

圓通，通俗地說就是外圓內方吧。而圓滑呢，只有「圓」，而沒有「方」，也就是仁義這個原則。像剛才那種情況，反叛的蒲人不讓老師去衛國，那是小人在要挾我們，我們怎能屈服呢？我們不聽這些小人的話，又怎算違背仁義的原則呢？

一番話說得小子思頻頻點頭。

我們都覺得老師的「四毋」理念非常好。但善於思考的子張卻在此基礎上總結出一個更通俗、普通人可能更易上手的「新四點」，準確地

說是「君子不器」的「四要」：

第一，思考問題要全面。

針對這一點，他「披露」了子夏與老師的一次私下談話：

子夏問老師：顏回的為人怎麼樣？老師回答說：顏回比我講誠信。

他又問子貢為人怎麼樣？老師說：子貢比我聰敏。

他接着問，那子路呢？老師說：子路比我勇敢。

最後他又問子張為人怎麼樣？老師又說：子張比我莊重。

聽了老師的回答，子夏忍不住站起來說：「既然如此，那為什麼這四位同學都成了您的學生呢？」

老師看了看他，說了四點：

顏回講誠信，但過於死板；

子貢聰明敏銳，但是不能屈；

子路勇敢，但太沒有畏懼；

子張莊重，但很難與大家打成一片。

而我，可能哪方面都不如這些弟子，卻能將這些統一起來。

老師這番一針見血的評價不禁讓我心服口服。

第二，要具體情況具體分析。

他舉了子路與冉求「聞斯行諸」的例子。不管答案如何，老師都是根據每個人的具體情況而下結論。

第三，遇到問題一定要從正、反兩方面思考。

他舉了我救人不領賞金的例子，並再一次強調說：從正面講，子貢是做了一個無私的好人，卻使國家的政策難以落實，這樣的結果就是只考慮正面而沒考慮反面。

這是一個新的角度，我又上了一課。

第四，要有「度」，過猶不及。

這也是今天整堂課的主題，更是對子張觸動最大的一點。因為老師提出「過猶不及」的人，他就是重要人物之一。本來用不着多加延伸，但他又結合自己的經歷，談了對這點的體會。

我覺得子張的總結十分出色，想再聽聽老師的意見，卻發現不知不覺中，我們已經走到了著名的泗水邊。這時老師正在靜靜地看着眼前的河水。

滔滔的河水，浩浩蕩蕩，十分壯觀。

這段時間，我們發現老師逢水必觀，我幾次想問老師為什麼，這次正好逮住機會：「老師逢水必觀，想必其中一定有深奧的道理吧？」

看看遠處連綿不斷的羣山，再看看奔騰的河水，老師深情地說：

誰能像水一樣，集中所有君子的品質啊！

水無私地施予萬物，好像君子的德；

水流過的地方往往會帶來生機，好像君子的仁；

水流卑下，但都遵循大自然的理，好像君子的義；

水在淺的地方流淌，在深的地方莫測，好像君子的智；

水赴百仞之谷，一點兒也不猜疑，好像君子的勇；

水綿綿弱弱，卻能到達微小的地方，好像君子的明察秋毫；

接受不好的東西而不推辭，好像君子的包容之心；

容納不乾淨的東西，還大家一個潔淨的新面貌，好像君子的善；

經歷千曲萬折必向東而去，好像君子的志。

老師的總結真是太精闢了。

老師轉過頭來對我們說：

> 既然水有這麼多好的品質，我們該不該逢水必觀，並向水好好學習呢？

天啊！這司空見慣的流水，竟讓老師悟出如此深奧的人生哲理！

這時，我不由得又想起自己改變五國命運的事，老師一面表揚我有辦事才能，另一面也暗示我的手段可能太過。於是我說：「老師，我能補充一下嗎？」

「當然可以！」

> 儘管我們眼前的水是這樣，但冷到一定溫度就會變成冰，熱到一定溫度就會變成汽霧，但不管怎樣，都不會改變水的本質，這不正好體現了「君子不器」的特點嗎？

老師眼中滿是讚許，說：「就拿管仲來說，沒有為以前服務的主人殉死，卻能治國安邦，更好地為民眾服務。表面上是改變了外在的形象，但是在本質上，都是講信義、造福百姓的仁者，正如不管怎樣改變形象，水的本質仍是一樣，你說對嗎？」

　　「是的，堅持仁義並不意味着要死板，這是外圓。但是靈活運用不能改變仁義，這是內方。不管外在如何變化，我們內在的本質不能變，仁義的根本不能變。外圓內方，兩者不可偏廢啊！」

　　老師「君子不器」的觀點，讓我把握到「活智慧」的根本！

1. 孔子評價子貢是器的故事，見於《論語·公冶長第五》。2. 孔子背棄盟誓的故事，見於《史記·孔子世家》。3. 管仲擔任宰相的故事，見於《論語·憲問第十四》。4. 子夏問孔子對四位弟子的評價，見於《孔子家語·六本第十五》。5. 孔子逢水必觀的故事，見於《孔子家語·三恕第九》。

孔子智慧錦囊

　　《英國小學生行動手冊》（又稱《英國小學生十大宣言》）中有這樣幾條內容：「平安成長比成功更重要；生命第一，財產第二；遇到危險可以打破玻璃，破壞傢具；不保守壞人的秘密；壞人可以騙。」

　　這樣的提法，與我們接受的教育或多或少是有區別的。我們聽得最多的教育，可能就是「不說謊話」、「要見義勇為」、「遵守公共秩序」等等。你也許會茫然不知所措。這和孔子在與別人訂立盟約又違約的做法很類似。

　　其實，上述《英國小學生行動手冊》，正是人性化的表現。而上述孔子的故事和管仲的故事，講述的都是很重要的一個智慧法則：「外圓內方」——內在的好原則要堅持，但外在處理問題的方式一定要靈活。

手造備忘錄

1. 我的老師這樣形容我：_____

　　我 □認同　□不認同　□部分認同　老師的評價，

　　因為：_____

　　_____

2. 我覺得「善意的謊言」是 □圓通　□圓滑 的表現，

　　因為：_____

　　_____

本堂金句

子絕四：毋意，毋必，毋固，毋
我。

（《論語・子罕第九》）

子曰：「君子不器。」

（《論語・為政第二》）

杏壇學生守則三

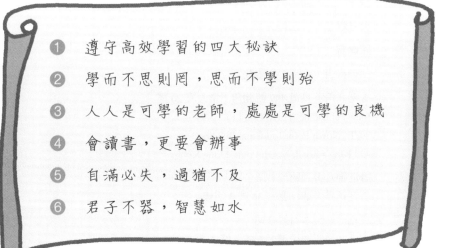

1. 遵守高效學習的四大秘訣
2. 學而不思則罔，思而不學則殆
3. 人人是可學的老師，處處是可學的良機
4. 會讀書，更要會辦事
5. 自滿必失，過猶不及
6. 君子不器，智慧如水

責任編輯　　劉汝沁
書籍設計　　陳嬋君

書　　名　　親愛的孔子老師 1‧上學啦：活學秘笈
著　　者　　吳甘霖
插　　畫　　陳嬋君
出　　版　　三聯書店（香港）有限公司
　　　　　　香港北角英皇道 499 號北角工業大廈 20 樓
　　　　　　Joint Publishing (H.K.) Co., Ltd.
　　　　　　20/F., North Point Industrial Building,
　　　　　　499 King's Road, North Point, Hong Kong
香港發行　　香港聯合書刊物流有限公司
　　　　　　香港新界大埔汀麗路 36 號 3 字樓
印　　刷　　美雅印刷製本有限公司
　　　　　　香港九龍觀塘榮業街 6 號 4 樓 A 室
版　　次　　2017 年 6 月香港第一版第一次印刷
　　　　　　2020 年 7 月香港第一版第二次印刷
規　　格　　16 開（170×230mm）176 面
國際書號　　ISBN 978-962-04-4098-4
　　　　　　© 2017 Joint Publishing (H.K.) Co., Ltd.
　　　　　　Published & Print in Hong Kong